공습국어 초등독해는 2008년 첫 선을 보인 이래로 많은 학부모와 학생들로부터 남다른 관심과 사랑을 받고 있습니다. 공습국어 초등독해가 이렇게 짧은 시간 안에 초등 독해력 학습을 대표하는 교재로서 자리를 잡을 수 있었던 것은 아이들이 부담 없이 재미있게 공부할 수 있도록 놀이와 학습 요소를 적절히 배치하여 독해력 향상을 위해 꼭 알아야 할 필수 학습 내용을 쉽게 익힐 수 있도록 구성했기 때문입니다.

그런데 단계별로 교재의 수가 적어 서너 달이 지나면 더 이상 단계에 맞는 독해력 학습을 지속할 수 없는 문제가 있었습니다. 그렇다고 다음 단계로 넘어가는 것도 학년 수준에 맞지 않아 몇 달 동안 이어온 학습 흐름이 끊어질 수밖에 없었습니다.

이번에 추가로 독해력 교재를 출간하게 된 것은 각 단계에 맞는 독해력 학습을 적어도 1년 정도는 꾸준히 진행할 수 있게 하기 위해서입니다. 이렇게 함으로써 다음 단계를 학습할 때까지의 기간을 최소화하거나 바로 다음 단계로 넘어가더라도 큰 어려움 없이 적응할 수 있을 것입니다.

심화 교재는 기본 교재와는 다른 문제 유형으로 코너를 구성하였습니다. 이는 같은 유형을 반복함으로써 오는 지루함을 없애고 문제 풀이 방법이 관성화되는 것을 막기 위해서입니다. 또한 기존 독해력 교재에서 다루지 않았던 유형을 다룸으로써 글을 읽고 분석하는 능력을 좀 더 심화시키기 위해서입니다.

공습국어 초등독해는 그간 독해력 교재를 이용해 온 학부모와 학생들의 의견을 반영한 산물입니다. 물론 새로운 교재 구성이나 내용을 모든 학부모와 학생이 만족스러워 할 것이라고 생각하지는 않습니다.
주니어김영사는 교재에 대한 질책과 격려 모두를 소중히 받아 안을 것입니다. 항상 열린 자세로 최대한 교재를 효과적으로 이용할 수 있도록 도와드릴 것이며 아울러 더 좋은 교재로 다가가기 위해 노력하겠습니다.

감사합니다.

공습국어 초등독해는 다양한 갈래의
글감 읽기를 통해 정독 습관을 길러주는
독해력 훈련 프로그램으로, 글의 구조와 내용을
파악하는 효과적인 절차와 방법을 습득함으로써
잘못된 읽기 습관을 바로 잡고 독해에 대한
자신감을 심어줍니다.

공습국어 초등독해 학습 전략

기본과 심화의 연속된 독해 학습 과정

공습국어 초등독해는 전 과정이 학년에 따라 나누어져 있습니다. 크게 1·2학년, 3·4학년, 5·6학년 3개의 과정으로 이루어져 있습니다. 그리고 각 과정별로 기본 Ⅰ·Ⅱ·Ⅲ, 심화 Ⅰ·Ⅱ·Ⅲ 단계로 구성되어 있습니다.

과정	단계	
1 · 2학년	기본	Ⅰ, Ⅱ, Ⅲ 단계
	심화	Ⅰ, Ⅱ, Ⅲ 단계
3 · 4학년	기본	Ⅰ, Ⅱ, Ⅲ 단계
	심화	Ⅰ, Ⅱ, Ⅲ 단계
5 · 6학년	기본	Ⅰ, Ⅱ, Ⅲ 단계
	심화	Ⅰ, Ⅱ, Ⅲ 단계

기본 단계와 심화 단계는 서로 다른 구성과 학습 목표를 가지고 있습니다. 기본 단계는 낱말이 가지고 있는 기본적인 의미와 다른 낱말과 관계를 파악하는 단계입니다. 심화 단계는 유추와 연상 활동을 통해 낱말이 가지는 다양한 의미를 알고 정확하게 낱말을 읽고 쓰는 단계입니다.

기본 단계와 심화 단계는 서로 동떨어져 있는 것이 아니라 연속된 훈련 단계입니다. 따라서 공습국어 초등독해를 처음 시작하는 경우는 기본 단계부터 순서대로 학습하는 것이 학습 효과를 극대화할 수 있습니다.

물론 공습국어 초등독해 기본 단계로 학습한 경험이 있다면 각 과정의 심화 단계를 공부해도 괜찮습니다. 하지만 3·4학년 과정에서 기본 단계를 학습하고 현재 5학년이나 6학년이 되었다면 5·6학년 과정의 심화 단계보다는 5·6학년 과정의 기본 단계부터 시작하거나, 3·4학년 과정의 심화 단계를 한 다음 5·6학년 과정의 기본 단계로 넘어가는 것이 좋습니다.

글밥지도를 통해 글의 짜임과
내용을 한눈에 파악한다!

공습국어
초등독해의 특징

하나 마인드맵을 이용한 독해력 훈련

공습국어 초등독해는 효과적인 학습 방법으로 주목을 받고 있는 마인드맵을 이용하여 글감의 짜임과 내용을 분석하고 정리하는 방법을 제시하고 있습니다. 글감의 중심 생각이나 소재를 가운데에 놓고 이로부터 생각의 가지를 뻗어나가면서 세부 주제와 관련된 내용을 정리하다 보면 어느새 글감의 전체 구조와 내용을 한눈에 파악할 수 있을 것입니다.

둘 국어 평가 방향에 맞춘 갈래별 문제 구성

글의 갈래는 크게 정서를 표현하는 글, 설득하는 글, 정보를 전달하는 글로 구분할 수 있습니다. 글은 갈래별로 표현하는 방식이나 목적이 다르기 때문에 글을 읽을 때 갈래별 특성에 맞게 읽어야 합니다. 초등 국어 교육 과정에서도 갈래별 특성에 맞는 글 읽기를 위해 글감의 갈래에 따른 평가 방향을 정하여 놓고 있는데, 공습국어 초등독해는 이러한 평가 방향에 맞추어 갈래별로 문제를 구성하였습니다.

셋 사실적 이해와 비판적 이해를 위한 전략 제시

사실적 이해와 비판적 이해는 글감의 내용을 입체적으로 파악하기 위해 거쳐야 할 필수 과정입니다. 따라서 공습국어 초등독해에서는 '글밥지도 그리기' 꼭지를 통해 글감의 사실적 이해를 다루었으며, '끄덕끄덕 공감하기'와 '요목조목 따져보기'를 통해 비판적, 추론적 이해를 다루었습니다. 사실적 이해 단계는 각 문단별 중심 내용과 글의 짜임, 그리고 글 전체를 간추리며 글의 중심 생각을 파악하는 것이라고 한다면, 비판적 이해 단계는 글쓴이의 의도를 이해하고 내용의 적절성에 대한 주관적, 객관적 판단을 하는 것이라고 볼 수 있습니다.

넷 재미있고 다양한 생활 밀착형 글감 구성

공습국어 초등독해는 설명하는 글이나 설득하는 글과 같이 독해를 위한 기본 글감 이외에도 일상생활에서 자주 보게 되는 광고문이나 기사문, 아이들이 직접 쓰는 일기, 보고문, 기록문, 감상문 등 여러 형식의 글감을 다양하게 싣고 있습니다. 이렇게 친숙한 소재와 형식의 글들은 독해에 대한 부담을 줄이고 재미있게 글을 읽을 수 있도록 도와줍니다.

마인드맵과 독해력

마인드맵은 영국의 언론인이자 교육심리학자인 토니 부잔(Tony Buzan)이라는 사람이 고안해낸 두뇌 계발 및 생각 정리의 기법입니다. 토니 부잔은 대학 시절 자신이 연구해야 할 분량이 점점 많아지자 이를 효과적으로 정리하고 기억할 수 있는 방법이 없는지 고민을 하게 됩니다. 이 당시 그가 방법을 찾기 위해 스스로에게 던진 질문을 보면 마인드맵이 어떤 유용한 역할을 수행할 수 있는지를 엿볼 수 있는데 몇 가지 질문의 예를 들자면 다음과 같은 것이 있었습니다.

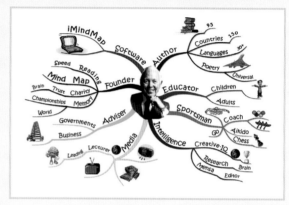

▲ 토니 부잔의 마인드맵 이미지

- 어떻게 배울 것인가?
- 사고의 본질은 무엇인가?
- 기억에 가장 도움이 되는 학습 기법은 무엇인가?
- 독서에 가장 도움이 되는 방법은 무엇인가?
- 창조적 사고에 가장 효과적인 학습 방법은 무엇인가?

토니 부잔이 스스로에게 던진 질문 가운데 '독서에 가장 도움이 되는 방법은 무엇인가?'라는 것이 있습니다. 이는 책을 읽고 책의 내용을 정리하는 방법으로서 마인드맵의 역할을 이미 고려하고 있었다는 것을 알 수 있습니다. 실제로 그의 바람대로 마인드맵은 책의 내용을 분석하고 정리하는 데 가장 효과적인 수단이 되고 있습니다.

마인드맵은 학습 방법으로도 그 효과가 매우 뛰어나 실제로 많은 학생들이 공부한 내용을 정리하는데 적극적으로 활용하고 있습니다. 〈공부 9단 오기 10단〉의 저자로 잘 알려진 박원희나 미스코리아 출신으로 하버드에 합격한 금나나 등 공부 잘하는 사람들의 공부 방법을 들여다보면 마인드맵을 비중 있게 활용하고 있음을 쉽게 확인할 수 있습니다.

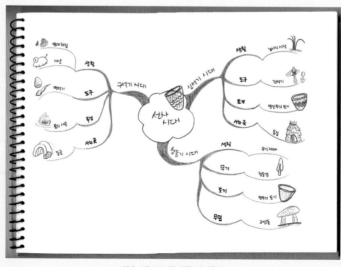

▲ 마인드맵으로 국사를 정리한 노트

마인드맵(Mind map)은 주제와 관련된 세부 내용들을 여러 갈래로 가지를 그려나가며 체계적으로 정리하는 것으로 학습 방법으로도 그 효과가 매우 뛰어나 실제로 많은 학생들이 공부한 내용을 정리하는데 적극적으로 활용하고 있습니다.

마인드맵을 그리는 방법은 토니 부잔의 마인드맵 이미지를 보면 알 수 있듯이 매우 간단합니다. 중심이 되는 주제나 생각을 가운데에 놓고 중심 생각과 관련 있는 주제들을 나뭇가지처럼 배열하면 됩니다. 만약 주제와 연관된 하위 주제나 생각이 있다면 상위 주제에 새로운 가지를 연결하여 내용을 적어주면 되는데 과장해서 표현하자면 생각의 가지는 새로운 주제나 내용이 있는 한 무한대로 연결할 수 있을 것입니다.

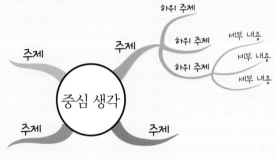

▲ 마인드맵을 그리는 기본적인 방법

그리고 마인드맵을 그릴 때 주제나 세부 내용과 관계된 도식이나 이미지를 첨부한다면 좀 더 풍부하고 재미있게 마인드맵을 꾸밀 수 있고 나중에 내용을 파악하는데도 많은 도움이 됩니다.

마인드맵의 가장 큰 장점은 세부적인 내용을 효과적으로 정리할 수 있는 것도 있지만 무엇보다도 전체적인 줄기를 파악할 수 있다는 것과 많은 내용 중 핵심적인 내용만 축약하여 한눈에 볼 수 있다는 것입니다.

이와 같은 장점은 앞에서도 언급했듯이 책의 내용을 분석하고 정리하는 데 매우 효과적입니다. 책에는 전달하고자 하는 주제가 있고, 이야기나 사건이 있으며, 그런 이야기나 사건을 구성하는 인물이나 배경, 그리고 다양한 정보들이 글의 구조와 인과 관계에 따라 촘촘히 배치되어 있습니다. 이렇게 많은 내용들을 종이 한 장에 정리해야 한다고 할 때 무엇을 어떻게 시작해야 할지 막막할 것입니다. 그러나 마인드맵을 그릴 수 있다면 짧은 시간 안에 핵심적인 내용들을 어렵지 않게 정리할 수 있습니다. 아래의 그림은 흥부와 놀부 이야기를 간단하게 마인드맵으로 정리해 본 것입니다. 글의 갈래마다 글의 내용을 파악하기 위한 기본적인 주제들이 있으므로 어떻게 주제를 잡아야 할지 모르겠다면 기본 주제들을 가지고 가지로 연결하면 누구나 쉽게 마인드맵을 그릴 수 있습니다.

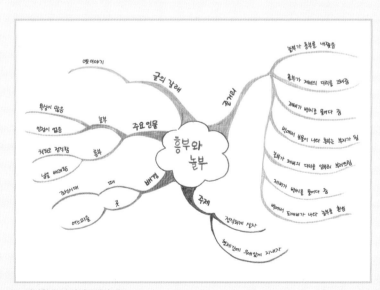

▲ 간단한 독서 마인드맵의 예

공습국어 초등독해는 마인드맵을 통한 독해 훈련 워크북이라고 불릴 수 있을 만큼 글감의 짜임과 내용을 파악하는 방법으로 마인드맵을 적극적으로 활용하고 있습니다. 이 교재를 마칠 때쯤이면 어떤 책을 보던지 빈 종이에 책의 내용을 마인드맵으로 쉽고 정확하게 정리해 낼 수 있을 것입니다.

교재 구성 한눈에 보기

'꼼꼼히 집중하여 읽기'의 가장 첫 번째 활동은 바로 오늘 읽어야 할 글을 읽는 것입니다. 제시문은 이야기 글, 전래 동요, 극본 등 정서를 표현하는 글과 설명하는 글, 광고하는 글 등의 정보를 전달하는 글, 주장하는 글, 부탁(제안)하는 글 등의 설득하는 글로 이루어져 있으며 소재 및 주제 또한 다양하게 구성되어 있습니다.

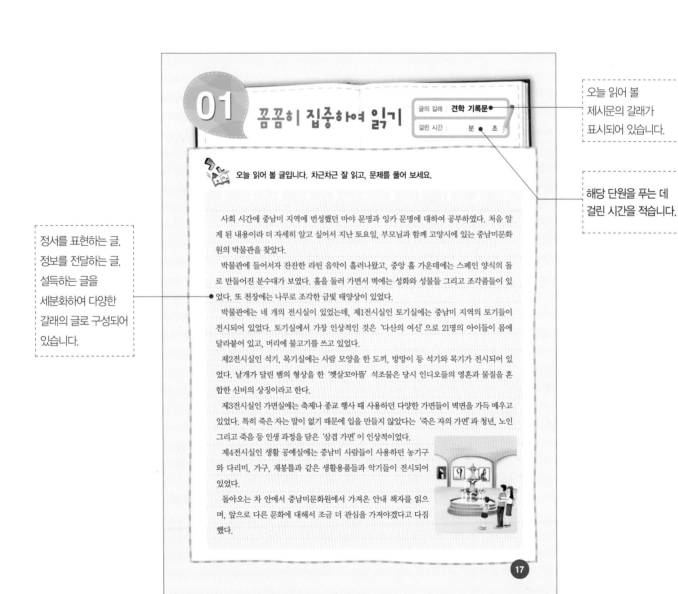

오늘 읽어 볼 제시문의 갈래가 표시되어 있습니다.

해당 단원을 푸는 데 걸린 시간을 적습니다.

정서를 표현하는 글, 정보를 전달하는 글, 설득하는 글을 세분화하여 다양한 갈래의 글로 구성되어 있습니다.

공습국어 초등독해는 모두 30회 과정으로 구성되어 있습니다. 꼼꼼히 집중하여 읽는 각 회별로 다양한 갈래 폭넓은 주제를 다룬 제시문과 앞에서 읽은 글의 내용을 마인드맵으로 그리며 정리하는 '글밥지도 그리기', 사실적 이해력과 비판적 이해력, 그리고 추론 능력을 향상시킬 수 있는 '끄덕끄덕 공감하기', '요목조목 따져보기'로 구성되어 있습니다.

글밥지도 그리기

앞에서 읽은 글의 내용 및 구조를 마인드맵으로 그려 보는 꼭지입니다. 핵심적인 단어와 문장을 정리해 본 다음, 글의 짜임, 문단, 순서, 구성을 살펴보고 글과 어울리는 제목을 찾아볼 수 있도록 구성되어 있습니다.

주제 찾기
글의 중심 소재나 주제, 인물 등을 보기에서 찾아봅니다. 주제 상자에는 주제를 찾는 데 힌트가 되는 이미지가 삽입되어 있어 보다 쉽게 문제를 해결할 수 있습니다.

글밥지도 채우기
글의 내용 중 핵심적인 단어나 문장을 보기에서 찾아봅니다.

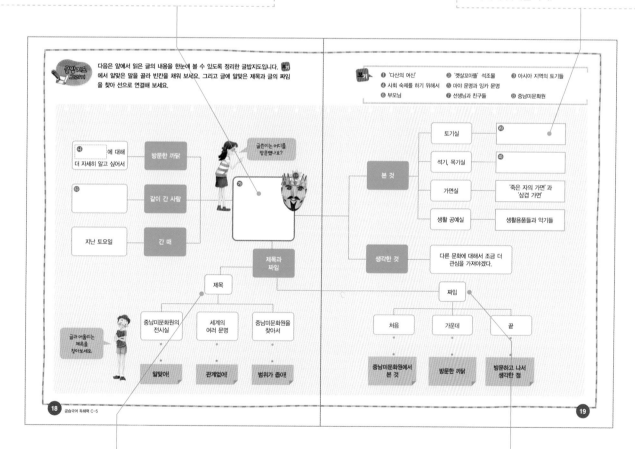

제목 찾기
글에 가장 알맞은 어울리는 제목을 찾아 선으로 연결해 봅니다. 글의 제목은 글쓴이의 중심 생각이 들어 있는 핵심적인 내용이므로 글과 제목 후보와의 관계에 대해 고민하는 사이에 사고력과 글의 핵심을 찾아내는 감각을 동시에 기를 수 있습니다.

구성 파악하기
글의 짜임과 구성, 사건의 순서, 문단과 문단의 관계 및 문단의 내용을 정리해 선으로 연결해 봅니다. 이 과정을 통해 글의 흐름이나 구성을 한눈에 파악할 수 있습니다.

끄덕끄덕 공감하기, 요목조목 따져보기

제시문을 읽고 글밥지도를 그리며 파악한 글의 내용과 주제에 대해 다시 한번 생각하고 정리해 봅니다. 제시문의 갈래가 정서를 표현하는 글일 경우에는 '끄덕끄덕 공감하기', 논리적인 글일 경우에는 '요목조목 따져보기' 꼭지를 활동해 봅니다.

'끄덕끄덕 공감하기' 꼭지의 첫 번째 문항에서는 등장인물의 생각이나 느낌을 정리하거나, 그것에 대한 나의 의견이나 비슷한 경험에 대해 짧게 적습니다. 등장인물에 대해 공감하고, 이해한 다음 이것을 바탕 나의 생각 및 태도와 연결 지어 보며 공감적 이해력 및 창의력을 기를 수 있습니다.

끄덕끄덕 공감하기와 요목조목 따져보기 꼭지의 두 번째 문항은 모두 글을 읽고 바른 의견 또는 바르지 못한 의견을 낸 친구를 찾아내는 사지선다형 활동입니다. 이를 통해 앞서 읽은 글의 내용을 정리하며 비판적 이해력과 추론적 이해력을 향상시킬 수 있습니다.

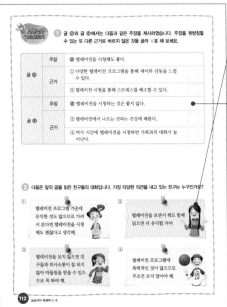

'요목조목 따져보기' 꼭지의 첫 번째 문항에서는 앞에서 읽은 글의 구조와 내용을 확인하거나, 글쓴이의 주장과 근거를 따져 봅니다. 이를 통해 사실적 이해력을 넘어 비판적 사고력을 기를 수 있습니다.

공습국어 초등독해의
지문 구성 및
읽기 전략

공습국어 초등독해의 특징은 갈래별 글읽기입니다.
각 회에 수록된 제시문은 크게 정서를 표현하는 글과
논리적인 글로 나누어볼 수 있습니다.
공습국어 초등독해의 지문 구성과 이에 따른
갈래별 읽기 전략은 다음과 같습니다.

 공습국어 초등독해 지문 구성

공습국어 초등독해 지문은 크게 정서를 표현하는 글과 논리적인 글로 나누어 골고루 수록되어 있습니다. A단계의 경우 두 갈래의 비중이 같고, C단계의 경우 논리적인 글의 수가 더 많습니다.

정서를 표현하는 글				
이야기 글	읽기 · 편지	감상문	기행문	동요 · 동시 · 시조

논리적인 글				
설득하는 글		정보를 전달하는 글		
주장(설득)하는 글	부탁(제안)하는 글	설명하는 글	보고하는 글	광고하는 글

 갈래별 읽기 전략

공습국어 초등독해에서는 초등교육과정을 바탕으로 다음과 같이 갈래별 읽기 전략을 제시하고 활동을 구성하였습니다.

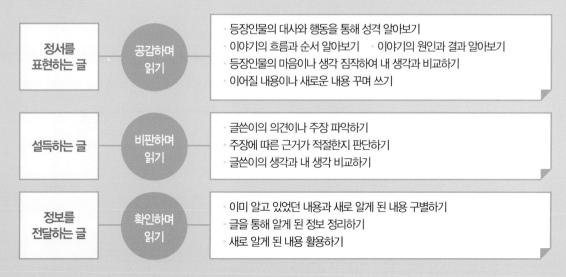

정서를 표현하는 글	공감하며 읽기	· 등장인물의 대사와 행동을 통해 성격 알아보기 · 이야기의 흐름과 순서 알아보기 · 이야기의 원인과 결과 알아보기 · 등장인물의 마음이나 생각 짐작하여 내 생각과 비교하기 · 이어질 내용이나 새로운 내용 꾸며 쓰기
설득하는 글	비판하며 읽기	· 글쓴이의 의견이나 주장 파악하기 · 주장에 따른 근거가 적절한지 판단하기 · 글쓴이의 생각과 내 생각 비교하기
정보를 전달하는 글	확인하며 읽기	· 이미 알고 있었던 내용과 새로 알게 된 내용 구별하기 · 글을 통해 알게 된 정보 정리하기 · 새로 알게 된 내용 활용하기

글밥지도 그리기는 이렇게 풀어요!

❶ 글밥지도를 그리기 전, 지시문을 꼼꼼하게 살펴보세요. 빈칸을 채워넣는 활동은 매회 반복되지만 제목과 글의 구조, 글의 흐름을 파악하는 활동은 회마다 조금씩 차이가 있기 때문에 지시문을 잘 살펴 보아야 합니다.

❷ 지시문을 이해한 다음엔 글밥지도의 중심이 될 단어를 찾습니다. 주제 상자 옆이나 위에 놓인 지시문을 잘 읽고 정답을 보기에서 찾아 써 봅니다. 이야기의 등장인물, 글의 중심 소재 및 주제, 시의 화자나 지은이가 주로 글밥지도의 중심에 놓이게 됩니다. 이때 주제 상자에 그려진 이미지가 정답의 힌트가 되니 참고하세요.

❹ 글밥지도의 모든 빈칸을 채웠다면, 다음으로 글에 어울리는 제목을 찾아 선으로 연결해 봅니다.

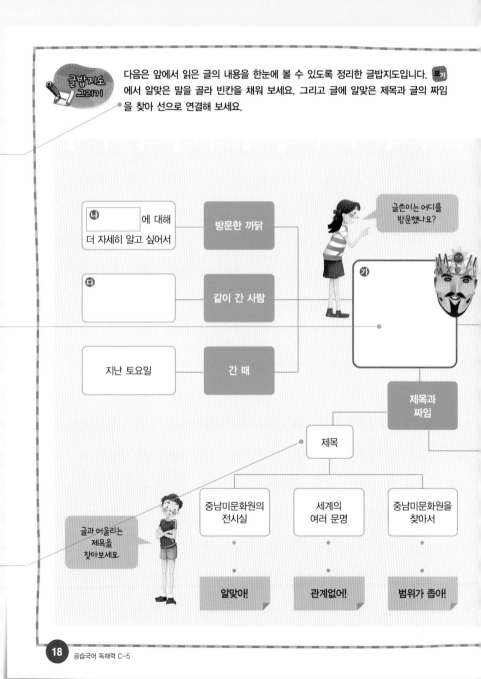

글밥지도 그리기

다음은 앞에서 읽은 글의 내용을 한눈에 볼 수 있도록 정리한 글밥지도입니다. 보기에서 알맞은 말을 골라 빈칸을 채워 보세요. 그리고 글에 알맞은 제목과 글의 짜임을 찾아 선으로 연결해 보세요.

㉯	에 대해 더 자세히 알고 싶어서	→ 방문한 까닭
㉰		같이 간 사람
지난 토요일		간 때

글쓴이는 어디를 방문했나요?

㉮

제목과 짜임

제목

글과 어울리는 제목을 찾아보세요.

중남미문화원의 전시실

세계의 여러 문명

중남미문화원을 찾아서

알맞아!

관계없어!

범위가 좁아!

'글밥지도 그리기'는 오늘 읽은 제시문을 마인드맵 형식의 글밥지도로 표현해 보는 활동입니다. 가장 핵심적이었던 단어, 인물을 주제로 삼아 마인드맵의 형식으로 글의 내용을 체계적으로 정리해 본 다음, 글의 제목과 짜임에 대해 생각해 봅니다. 글밥지도에는 제시문에서 다루어진 중요한 내용을 확인하는 4~8개의 빈칸과 제목 찾기, 문단 내용 찾기 등 1~2가지의 선 긋기 활동이 있습니다.

보기

① '다산의 여신' ② '깻살꼬아뜰' 석조물 ③ 아시아 지역의 토기들
④ 사회 숙제를 하기 위해서 ⑤ 마야 문명과 잉카 문명
⑥ 부모님 ⑦ 선생님과 친구들 ⑧ 중남미문화원

❸ 글밥지도의 중심 단어를 찾았다면, 다음으로 글의 주요 내용들을 살펴봅니다. 글의 내용을 정리한 글밥지도의 가지에 놓인 ⑭~㉃의 빈칸을 보기에서 알맞은 단어를 골라 채웁니다. 이때 반드시 ⑭~㉃의 순서대로 빈칸을 채워야 하며, 될 수 있으면 번호와 단어 또는 문장을 모두 적는 것이 좋습니다. 정답 상자의 공간이 부족하다면 번호만 적도록 합니다. 빈칸에 들어갈 말이 헷갈릴 경우에는 같은 가지에 놓인 다른 단어나 문장을 참고하면 보다 쉽게 해결할 수 있습니다.

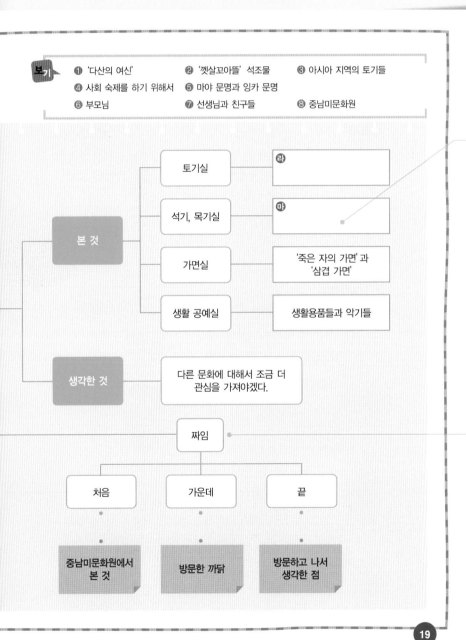

❺ 글의 흐름이나, 구성, 글의 짜임을 확인하여 선으로 연결해 봅니다.
문학적인 글에서는 사건의 순서와 발단 −전개 − (위기) − 절정 − 결말의 이야기의 구성을 주로 살펴보고, 논리적인 글에서는 처음 − 가운데 − 끝의 글의 구조나 문단의 내용을 주로 따져봅니다. 필요하다면 제시문을 다시 한번 읽어보며 풀이해도 좋습니다.

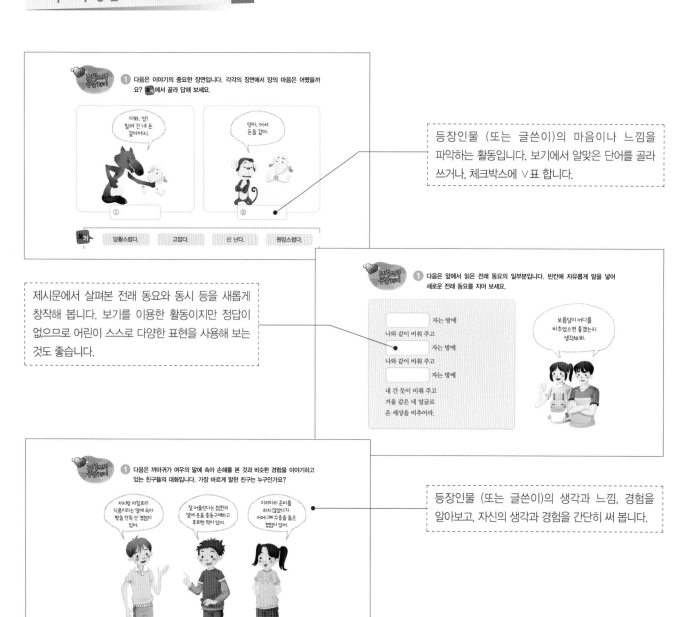

끄덕끄덕 공감하기, 요목조목 따져보기는 이렇게 풀어요!

끄덕끄덕 공감하기 활동 보기

등장인물 (또는 글쓴이)의 마음이나 느낌을 파악하는 활동입니다. 보기에서 알맞은 단어를 골라 쓰거나, 체크박스에 ∨표 합니다.

제시문에서 살펴본 전래 동요와 동시 등을 새롭게 창작해 봅니다. 보기를 이용한 활동이지만 정답이 없으므로 어린이 스스로 다양한 표현을 사용해 보는 것도 좋습니다.

등장인물 (또는 글쓴이)의 생각과 느낌, 경험을 알아보고, 자신의 생각과 경험을 간단히 써 봅니다.

정서를 표현하는 글에 해당하는 제시문을 읽은 다음에는 '끄덕끄덕 공감하기' 꼭지를, 논리적인 글에 해당하는 제시문을 읽은 다음에는 '요목조목 따져보기'꼭지를 공부합니다. 앞의 두 꼭지는 각각 2가지 활동으로 구성되어 있습니다.
'끄덕끄덕 공감하기'의 경우 등장인물들의 성격이나 느낌 파악하기, 등장인물의 입장이 되어 생각해 보기, 새롭게 창작하기 등의 활동이 주를 이루며, '요목조목 따져보기'의 경우 글의 구조 정리하기, 요약하기, 글쓴이의 주장과 근거 따져보기, 글을 통해 알게 된 정보 활용하기 등의 활동으로 구성되어 있습니다.

요목조목 따져보기 활동 보기

주장하는 글을 읽은 후, 글쓴이가 제기한 문제 상황과 주장 그리고 알맞은 근거를 정리해 보는 활동입니다. 주장을 뒷받침하는 또는 뒷받침하지 못하는 근거를 찾아 체크박스에 ○표 또는 ∨표를 합니다.

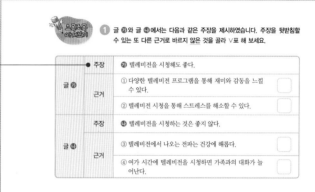

설명하는 글이나 소개하는 글을 읽은 다음 글에 담긴 정보를 확인합니다. 글에서 다루고 있는 정보들을 정리하고 자신이 알고 있었던 정보와 몰랐던 정보를 정리할 수 있습니다. 지시문에 따라 ○표 또는 ∨표 합니다.

공통 활동 보기

제시문을 바르게 이해한 사람 또는 바르지 않게 이해한 사람을 고르는 활동입니다. 사실적 이해력, 비판적 이해력을 측정할 수 있으며 보기를 읽어 본 후 지시문에 따라 정답 번호를 적습니다.

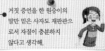

꾸준함이 독해력을 키우는
가장 좋은 방법입니다!

공습국어
초등독해의 활용

 처음 일주일 정도는 아이와 함께 하세요

공습국어 초등독해의 코너 구성과 문제 유형을 아이가 이해할 수 있도록 일주일 정도는 아이와 함께 문제를 풀어보세요. 각각의 문제 유형을 설명해주고, 채점을 통해 아이에게 미진한 부분이 있으면 다시 설명해주면서 아이가 혼자서도 충분히 문제를 해결할 수 있도록 도와주세요.

 꾸준히 학습할 수 있는 환경을 만들어주세요

매일 1회분씩 학습 진도를 나가는 것이 가장 이상적이긴 하지만 현실적으로 불가능한 경우가 많습니다. 따라서 매일이 아니더라도 꾸준히 교재를 볼 수 있도록 학습 스케줄을 잡아 주세요. 이때 부모님이 일방적으로 결정하지 마시고 아이와 충분히 상의하여 가능한 아이의 의견이 반영되도록 해주세요. 그래야만이 학습 과정에 대한 아이의 주체적 참여를 유도할 수 있습니다.

 1권부터 순서대로 학습할 수 있도록 해 주세요

공습국어 초등독해 심화 단계는 문제 유형이나 내용이 기본 단계에 비해 다소 복잡하거나 어렵습니다. 따라서 독해력 학습을 처음 시작하는 경우라면 기본 단계부터 순서대로 교재를 보는 것이 좋습니다. 물론 이전에 독해력 교재를 보았거나 국어 실력이 상위권이라면 심화 단계부터 시작해도 괜찮습니다.

 문제 풀이에 걸리는 적정한 시간은 10분 내외입니다

공습국어 초등독해 1회분에 해당하는 문제를 푸는 데 걸리는 시간은 대략 10분 정도면 충분합니다. 하지만 교재의 문제 유형이 익숙하지 않은 초반에는 이보다 시간이 더 걸릴 수도 있습니다. 따라서 일정 기간 동안은 문제 풀이 시간에 구애 받지 않고 아이가 편하게 문제를 풀면서 교재에 적응할 수 있도록 배려해 주세요.

차례
Contents

공습국어를 시작하며

이제 본격적인 독해력 공부를 시작하게 돼요.

크게 숨을 한 번 내쉬면서 마음을 가다듬어 보세요.

책을 끝까지 볼 수 있을까? 문제가 어렵지는 않을까? 하는 걱정이

들기도 하겠지만 막상 시작해보면 괜한 걱정이었다 싶을 거예요.

한 번에 밥을 많이 먹으면 탈이 날 수 있는 것처럼

하루에 1회씩만 꾸준히 풀어 보세요.

그러다 보면 어느새 독해력이 무럭무럭 자라나

있는 걸 볼 수 있을 거예요.

자 그럼 이제 출발해 볼까요?

꼼꼼히 집중하여 읽기

 오늘 읽어 볼 글입니다. 차근차근 잘 읽고, 문제를 풀어 보세요.

우리 친구들은 갯벌에 가 본 적이 있나요? 갯벌은 모래와 펄로 이루어진 곳으로, 바닷물이 들어오면 물에 잠기고 바닷물이 나가면 땅이 드러나지요.

갯벌이 만들어지려면 파도가 약해야 하고, 지형이 편평해야 하며 물의 깊이가 얕아야 해요. 또한 밀물과 썰물의 해수면 차이가 커야 해요. 우리나라의 서해안과 남해안은 이러한 조건이 잘 갖추어진 곳이에요.

갯벌은 모래가 많고 바닥이 단단한 모래 갯벌, 알갱이가 작고 부드러운 진흙이 많은 펄 갯벌, 모래와 진흙이 섞여 있는 혼성 갯벌이 있어요.

갯벌에는 다양한 생물들이 살아가고 있는데, 가장 흔한 것이 갯지렁이, 게, 조개류로 전체 갯벌 생물의 약 90퍼센트를 차지해요. 펄 갯벌에는 게와 갯지렁이가 많고, 모래 갯벌에는 조개가 많아요.

갯벌은 경제적, 환경적, 문화적으로 다양한 가치를 지니고 있어요. 우리에게 다양한 먹을거리를 제공하며, 육지에서 내보내는 각종 오염 물질을 정화하여 깨끗한 환경을 보전하는 데 도움이 되지요. 또 스펀지처럼 바닷물이나 빗물을 빨아들인 뒤 천천히 내보내기 때문에 홍수 피해도 줄이는 역할을 해요. 그리고 대기 온도와 습도에도 영향을 미쳐 기후를 조절하고 있어요. 또한 갯벌은 낚시나 해수욕, 휴식, 관광 등을 제공하는 훌륭한 관광 자원이에요.

예전에는 갯벌을 쓸모없는 땅으로 생각하였지만, 최근에는 환경 단체와 전문가들의 노력으로 갯벌의 중요성이 인정받고 있어요.

 **글밥지도 그리기**

다음은 앞에서 읽은 글의 내용을 한눈에 볼 수 있도록 정리한 글밥지도입니다. 보기 에서 알맞은 말을 골라 빈칸을 채워 보세요. 그리고 글에 알맞은 제목을 찾아 선으로 연결해 보세요.

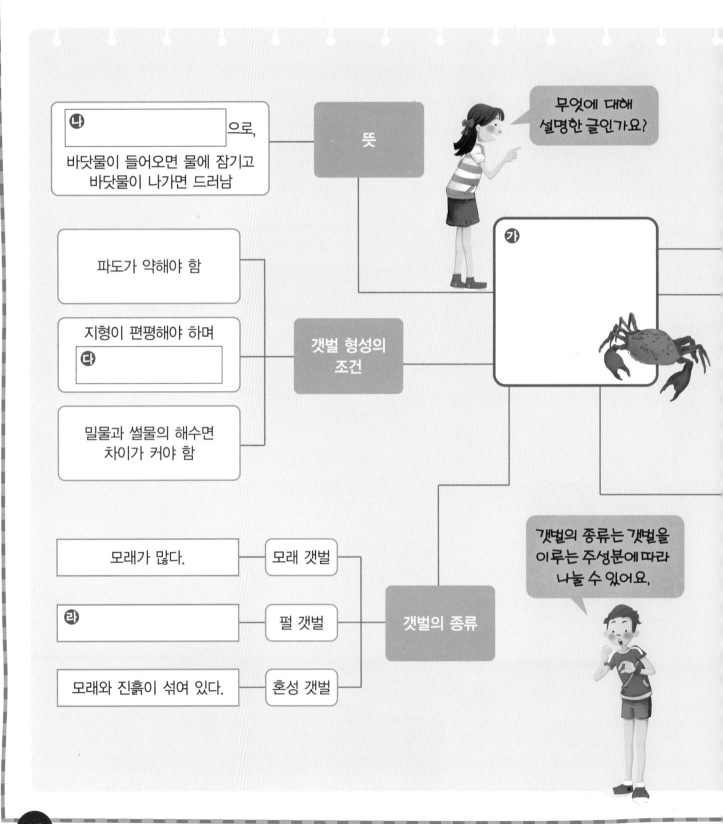

나 [   ]으로, 바닷물이 들어오면 물에 잠기고 바닷물이 나가면 드러남 ——— **뜻**

무엇에 대해 설명한 글인가요?

가 [   ]

파도가 약해야 함

지형이 편평해야 하며 **다** [   ] ——— **갯벌 형성의 조건**

밀물과 썰물의 해수면 차이가 커야 함

모래가 많다. ——— 모래 갯벌

라 [   ] ——— 펄 갯벌 ——— **갯벌의 종류**

모래와 진흙이 섞여 있다. ——— 혼성 갯벌

갯벌의 종류는 갯벌을 이루는 주성분에 따라 나눌 수 있어요.

보기

① 모래 갯벌　　② 갯벌　　③ 훌륭한 관광 자원

④ 갯지렁이, 게, 조개류　　⑤ 모래와 펄로 이루어진 곳　　⑥ 물의 깊이가 얕아야 함

⑦ 오염 물질을 정화함　　⑧ 진흙이 많다.

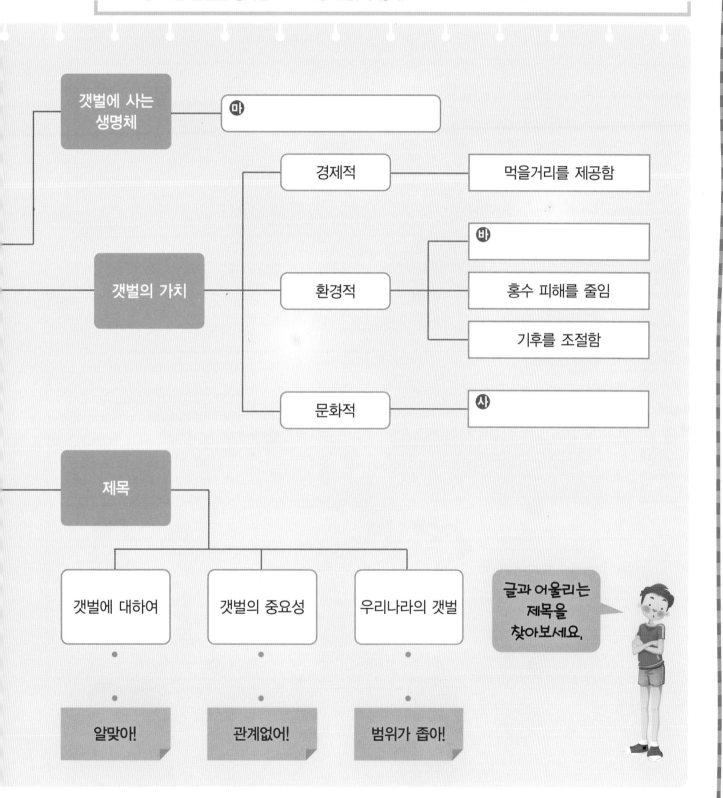

갯벌에 사는 생명체 ── 마

경제적 ── 먹을거리를 제공함

갯벌의 가치 ── 환경적 ── 바 / 홍수 피해를 줄임 / 기후를 조절함

문화적 ── 사

제목 ── 갯벌에 대하여 · 알맞아! / 갯벌의 중요성 · 관계없어! / 우리나라의 갯벌 · 범위가 좁아!

글과 어울리는 제목을 찾아보세요.

1 다음은 앞에서 읽은 글의 갯벌을 보존하고 보호해야 하는 까닭을 정리한 것입니다. 바르지 <u>않은</u> 것을 골라 ∨표 해 보세요.

갯벌을 보존하고 보호해야 하는 까닭
① 갯벌이 오염되면 먹을거리를 얻을 수 없다. ☐
② 갯벌이 오염되면 갯지렁이와 게, 조개 등 갯벌 생물들이 살 수 없다. ☐
③ 갯벌이 사라지면 바다에서 나오는 각종 오염 물질들을 걸러 낼 수 없다. ☐
④ 갯벌은 홍수의 피해를 줄여 준다. ☐
⑤ 갯벌은 관광 자원으로서의 이용 가치도 풍부하다. ☐

2 다음은 앞의 글을 읽은 친구들의 대화입니다. 가장 타당하지 <u>못한</u> 의견을 내고 있는 친구는 누구인가요?

① 갯벌에는 다양한 생물들이 살아가고 있기 때문에 오염되지 않도록 조심해야 해.

② 갯벌은 육지도 바다도 아닌 쓸모없는 곳이야.

③ 갯벌은 환경적, 경제적, 문화적으로 가치가 있으므로 보전해야 해.

④ 갯벌이 만들어지기 위해서는 알맞은 조건을 모두 갖추어야 하는구나.

 오늘 읽어 볼 글입니다. 차근차근 잘 읽고, 문제를 풀어 보세요.

가마에 나무를 넣고, 불의 세기를 잘 조절하여 일주일 정도 정성스럽게 불을 피우면 숯이 완성된다.

숯은 검탄, 백탄, 활성탄으로 나뉜다. 검탄은 낮은 온도에서 구워 가마 안에 둔 채 불길을 꺼뜨려 만든 숯으로, 불이 잘 붙고 타다가 꺼지는 일이 적으며 많은 열을 낸다. 그러나 불에 타는 시간이 짧고, 유독 가스가 나오는 등 질이 낮다.

백탄은 재가 묻어 있어 하얗게 보이는 숯으로, 가마 안에서 구워질 때 해로운 성분이 다 타 버리기 때문에 유독 가스가 발생하지 않는다. 백탄은 단단하고, 쉽게 불이 붙지 않고 화력도 약하지만 불이 아주 오래간다. 때문에 요리용, 침구용, 미용품류 등 다양하게 쓰이고 있다.

활성탄은 숯의 가장 큰 특성인 흡착력을 더욱 높이기 위해 600도에서 900도의 수증기를 더하여 새롭게 만들어 낸 것이다. 우리가 구할 수 있는 대부분의 숯은 이 활성탄이다.

숯은 습기를 조절하는 기능이 있어 옷장 안에 넣어 두면 습기와 곰팡이를 없애 준다. 또 숯에 있는 공기구멍은 세균과 나쁜 냄새를 빨아들인다. 간장을 담글 때 숯을 띄우거나 냉장고, 신발장에 숯을 넣어 두면 나쁜 냄새를 없앤다. 숯에서 나오는 음이온은 공기를 맑게 해 준다. 머리맡에 숯을 놓아두면 잠을 푹 잘 수 있다. 또한 숯은 전자파나 해로운 물질로부터 몸을 보호해 주기도 한다. 요즈음에는 먹는 숯도 있는데, 숯을 먹으면 몸속의 나쁜 물질을 없애 우리 몸을 건강하게 해 준다. 숯은 이러한 다양한 효능 덕분에 인기가 높아지고 있다.

❶ **흡착** : 어떤 물질이 달라붙음

다음은 앞에서 읽은 글의 내용을 한눈에 볼 수 있도록 정리한 글밥지도입니다. 보기 에서 알맞은 말을 골라 빈칸을 채워 보세요. 그리고 글에 알맞은 제목과 글의 짜임을 찾아 선으로 연결해 보세요.

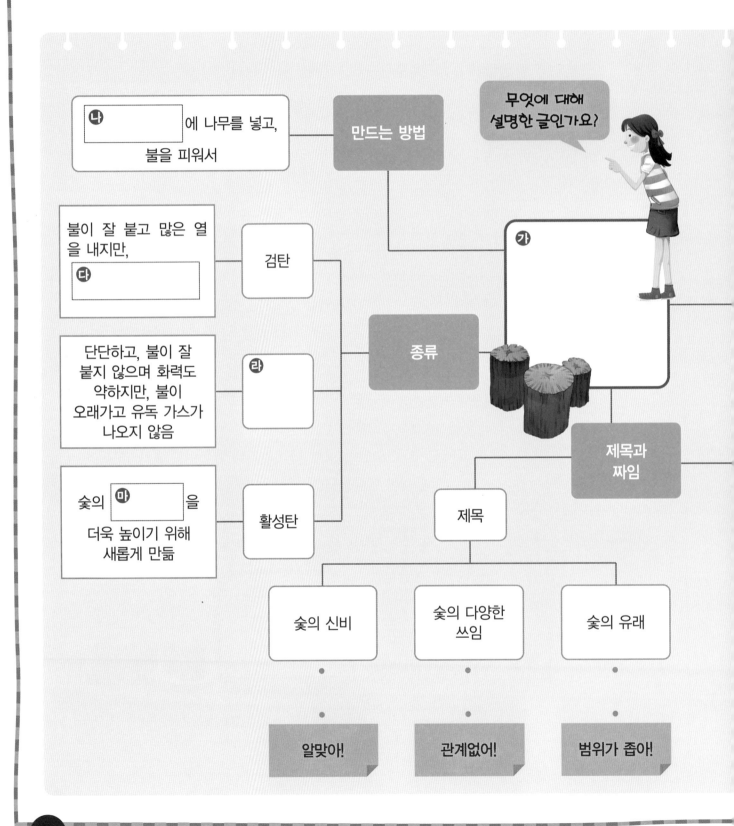

나 ____에 나무를 넣고, 불을 피워서 —— 만드는 방법

무엇에 대해 설명한 글인가요?

불이 잘 붙고 많은 열을 내지만, 다 ____ —— 검탄

가

단단하고, 불이 잘 붙지 않으며 화력도 약하지만, 불이 오래가고 유독 가스가 나오지 않음 —— 라 —— 종류

숯의 마 ____을 더욱 높이기 위해 새롭게 만듦 —— 활성탄

제목과 짜임

제목

숯의 신비   숯의 다양한 쓰임   숯의 유래

알맞아!   관계없어!   범위가 좁아!

보기
① 흡착력
② 습기 제거
③ 백탄
④ 숯
⑤ 전자파나 해로운 물질
⑥ 세균과 나쁜 냄새를 빨아들임
⑦ 가마
⑧ 불에 타는 시간이 짧고, 유독 가스가 나옴

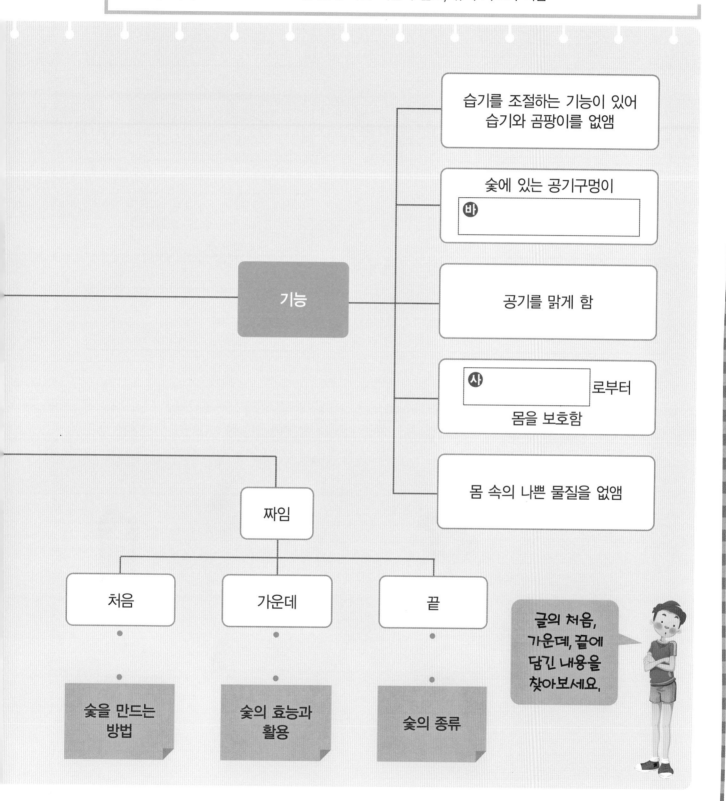

습기를 조절하는 기능이 있어
습기와 곰팡이를 없앰

숯에 있는 공기구멍이
바

공기를 맑게 함

사 로부터
몸을 보호함

몸 속의 나쁜 물질을 없앰

기능

짜임

처음 | 가운데 | 끝

숯을 만드는
방법

숯의 효능과
활용

숯의 종류

글의 처음,
가운데, 끝에
담긴 내용을
찾아보세요.

23

1 다음은 앞에서 읽은 숯의 기능과 그 기능을 활용한 예입니다. 서로 관련이 있는 것을 찾아 선으로 연결해 보세요.

① 전자파나 해로운 물질로부터 몸을 보호해 준다. •

② 세균과 냄새를 빨아들인다. •

③ 몸속의 나쁜 물질을 없앤다. •

④ 공기를 맑게 해 준다. •

• ㉠ 신발장에 숯을 넣어 둔다.

• ㉡ 컴퓨터나 텔레비전 위에 숯을 올려 둔다.

• ㉢ 머리맡에 숯을 놓아둔다.

• ㉣ 숯을 먹는다.

2 다음은 앞의 글을 읽은 친구들의 대화입니다. 가장 타당하지 <u>못한</u> 의견을 내고 있는 친구는 누구인가요?

① 숯은 종류가 다양하기 때문에 용도에 따라 알맞은 것을 골라 사용해야겠어.

② 집 안 공기가 상쾌해지게 집 안 여기저기에 숯을 놓아두어야지.

③ 숯은 옛날에는 다양하게 이용되었지만, 지금은 거의 쓰이지 않고 있어.

④ 숯이 몸속의 나쁜 물질을 없앤다니 나도 먹어 보고 싶어.

 오늘 읽어 볼 글입니다. 차근차근 잘 읽고, 문제를 풀어 보세요.

옛날, 어느 마을에 사자와 여우가 사이좋게 살고 있었어요. 어느 날, 사자가 병에 걸려 끙끙 앓아눕게 되었어요. 이 소식을 들은 여우가 사자 굴로 문병을 왔어요. 사자는 여우에게 한 가지 부탁을 하였어요.

"이보게 여우, 사슴을 데리고 올 수 없겠나? 사슴 고기를 먹으면 병이 싹 나을 거 같다네."

사자의 부탁을 받은 여우는 사슴을 찾아가 이렇게 말하였어요.

"사자가 아파서 곧 죽게 되었네. 그런데 자네에게 왕의 자리를 물려준다지 뭔가. 그러니 나와 함께 사자 굴로 가세."

사슴은 왕이 되고 싶은 마음에 여우를 따라 사자 굴로 들어갔어요. 배가 몹시 고팠던 사자는 사슴을 보자마자 덤벼들었지만, 사슴의 귀만 물어뜯고 말았어요. 사슴은 깜짝 놀라 부랴부랴 달아났어요. 여우는 다시 사슴을 찾아가 이렇게 말하였어요.

"사자가 왕이 되는 비법을 귓속말로 얘기해 주려던 것인데, 자네가 겁을 먹고 달아나는 바람에 나만 곤란하게 되었네. 빨리 가서 사자에게 자네가 겁쟁이가 아님을 보여 주게."

사슴은 겁이 났지만, 왕의 자리가 너무 탐나 여우의 말에 다시 속고 말았어요. 이렇게 사슴을 잡아먹은 뒤, 사자와 여우는 배가 고프면 동물을 하나씩 속여서 데려다 잡아먹었어요. 마침내 동물들은 사자와 여우의 속임수를 알아채고, 여우가 다가오면 도망을 갔어요.

며칠째 굶은 사자가 허기진 배를 안고 굴속에 앉아 있는데, 허탕을 친 여우가 힘없이 돌아왔어요. 이때 사자는 여우를 덮치며 이렇게 말하였어요.

"이보게 여우, 미안하네. 난 배가 몹시 고프거든."

다음은 앞에서 읽은 글의 내용을 한눈에 볼 수 있도록 정리한 글밥지도입니다. 보기 에서 알맞은 말을 골라 빈칸을 채워 보세요. 그리고 글에 알맞은 제목과 이야기의 순서를 찾아 선으로 연결해 보세요.

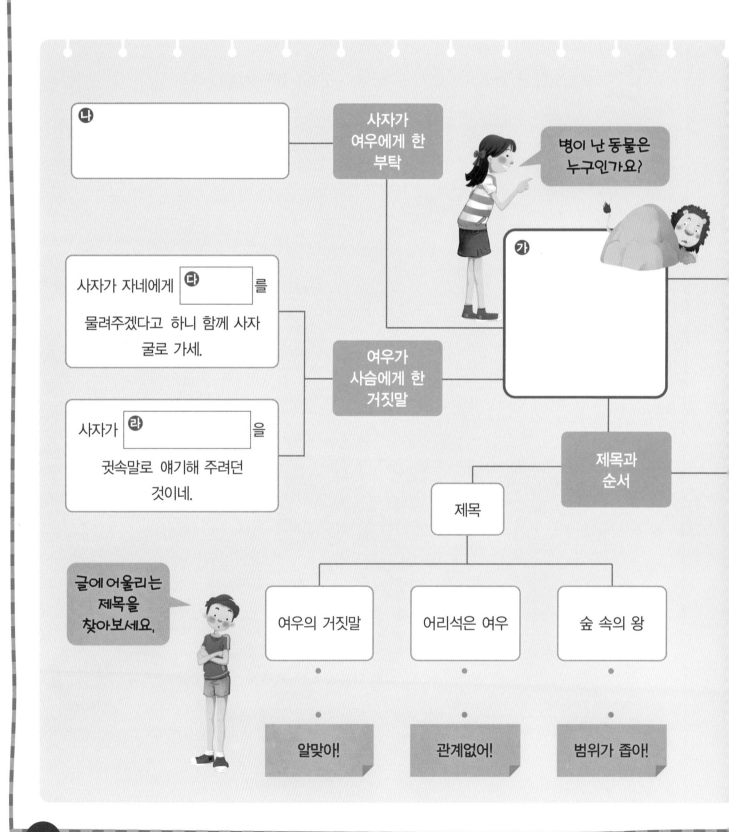

나

사자가 여우에게 한 부탁

병이 난 동물은 누구인가요?

가

사자가 자네에게 다 를 물려주겠다고 하니 함께 사자 굴로 가세.

여우가 사슴에게 한 거짓말

사자가 라 을 귓속말로 얘기해 주려던 것이네.

제목과 순서

제목

글에 어울리는 제목을 찾아보세요.

여우의 거짓말

어리석은 여우

숲 속의 왕

알맞아!

관계없어!

범위가 좁아!

보기

① 왕이 되는 비법   ② 사슴을 데려와 달라는 것   ③ 욕심이 많고 게으름

④ 사자   ⑤ 꾀가 많고 간사함   ⑥ 왕의 자리

⑦ 여우   ⑧ 사슴

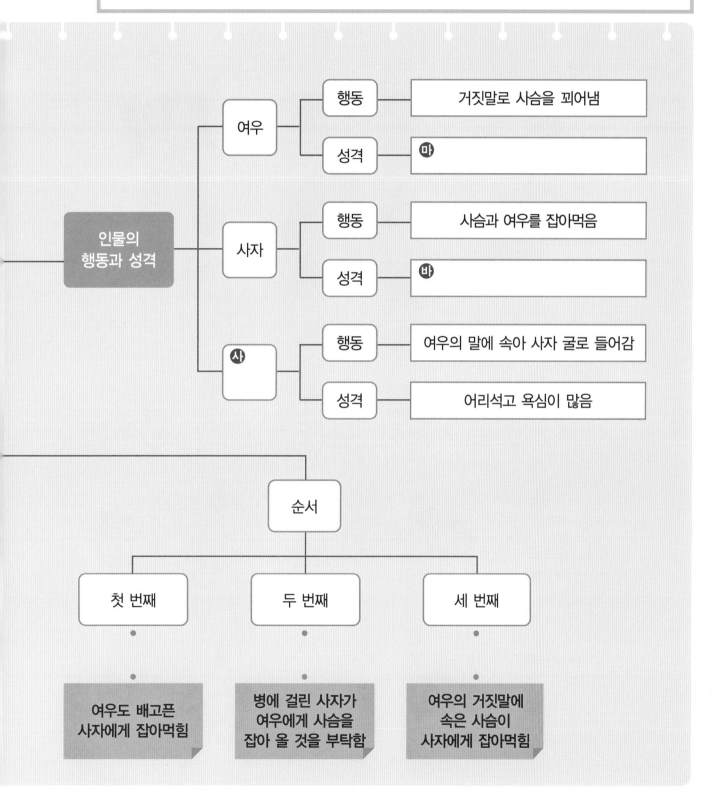

인물의 행동과 성격

- **여우**
  - 행동 — 거짓말로 사슴을 꾀어냄
  - 성격 — **마**

- **사자**
  - 행동 — 사슴과 여우를 잡아먹음
  - 성격 — **바**

- **사**
  - 행동 — 여우의 말에 속아 사자 굴로 들어감
  - 성격 — 어리석고 욕심이 많음

순서

- **첫 번째** — 여우도 배고픈 사자에게 잡아먹힘
- **두 번째** — 병에 걸린 사자가 여우에게 사슴을 잡아 올 것을 부탁함
- **세 번째** — 여우의 거짓말에 속은 사슴이 사자에게 잡아먹힘

1 다음은 앞에서 읽은 글에 나오는 사자, 여우, 사슴에게 해 주고 싶은 말입니다. 어떤 말을 누구에게 해 주고 싶은지 동물의 이름을 써 보세요.

욕심 많고 게으른 사자를 믿다니, 너도 사슴과 다를 바 없이 어리석구나.

욕심이 지나쳐서 여우의 말에 속아 넘어간 거야. 앞으로는 헛된 욕심을 부리지 마.

너를 믿고 도와준 여우를 잡아먹다니, 배고픔을 참지 못해 좋은 친구를 잃었구나.

① ② ③

2 다음은 앞의 글을 읽은 친구들의 대화입니다. 가장 타당하지 <u>못한</u> 의견을 내고 있는 친구는 누구인가요?

① 이 이야기를 통해 나에게 칭찬을 해 주는 사람의 말이라도 무조건 믿으면 안 된다는 교훈을 얻었어.

② 사슴이 두 번이나 여우의 말에 속아 넘어간 것은 지나친 욕심 때문이야.

③ 내가 사슴이었다면 여우의 말을 듣고 좀 더 신중하게 생각했을 거야.

④ 자신을 위해 먹이를 구해다 준 여우까지 잡아먹은 사자는 정말 의리가 없어.

꼼꼼히 집중하여 읽기

글의 갈래	**주장하는 글**
걸린 시간	분 초

 오늘 읽어 볼 글입니다. 차근차근 잘 읽고, 문제를 풀어 보세요.

최근 사이버 공간에서 자신의 이름을 밝히지 않고, 다른 사람에 대한 나쁜 소문이나 댓글을 남기는 일이 자주 벌어져 사회적으로 문제가 되고 있습니다. 이 때문에 인터넷 실명제를 실시해야 한다고 주장하는 사람들이 점차 늘어나고 있습니다.

인터넷 실명제란 이용자의 실제 이름과 주민 등록 번호가 확인되어야만 인터넷 게시판에 글을 올릴 수 있는 제도입니다. 인터넷 실명제가 실시되면 사람들은 개인 정보를 등록하고 인터넷에 글을 남기게 되므로, 나쁜 댓글의 수가 줄어듭니다. 그리고 보다 정확하고 믿음이 가는 정보를 제공하게 될 뿐만 아니라 글과 정보를 남기는 데 더 강한 책임감과 신중함을 가지게 될 것입니다.

인터넷 실명제 실시에 반대하는 의견도 많습니다. 인터넷에서 모든 사람들이 자유롭게 의견을 낼 수 있어야 하고 정보를 나누어야 하는데, 인터넷 실명제가 실시되면 표현의 자유를 빼앗을 수 있다는 것입니다. 또한 실제 이름과 개인 정보가 유출❶되어 범죄에 이용될 수도 있습니다.

인터넷 실명제의 실시는 이렇듯 좋은 점과 나쁜 점을 모두 가지고 있습니다. 인터넷 실명제가 실시되면 나쁜 소문이나 댓글은 줄어들겠지만, 표현의 자유를 빼앗고 개인 정보의 유출이 늘어나 다른 사람의 이름으로 범죄를 저지르는 일이 생길 수 있습니다. 그러므로 인터넷 실명제의 실시를 신중히 생각해야 합니다.

❶ **유출** : 귀중한 물건이나 정보 따위가 불법적으로 나라나

　　　조직의 밖으로 나가 버림 또는 그것을 내보냄

다음은 앞에서 읽은 글의 내용을 한눈에 볼 수 있도록 정리한 글밥지도입니다. 보기에서 알맞은 말을 골라 빈칸을 채워 보세요. 그리고 글에 알맞은 제목과 각 문단의 내용을 찾아 선으로 연결해 보세요.

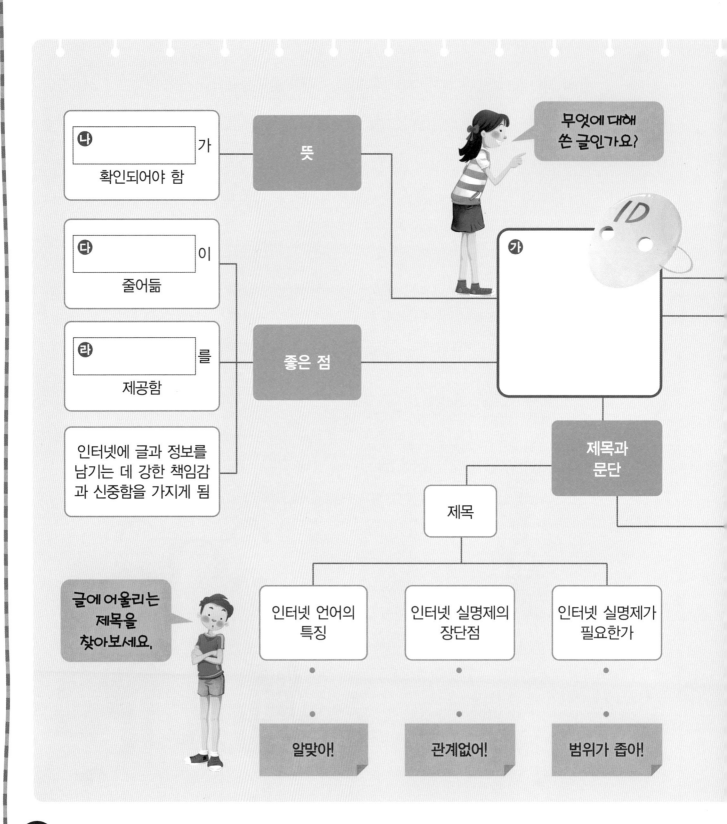

나 _____
확인되어야 함

다 _____
줄어듦

라 _____
제공함

인터넷에 글과 정보를 남기는 데 강한 책임감과 신중함을 가지게 됨

뜻

좋은 점

가

무엇에 대해 쓴 글인가요?

제목과 문단

제목

글에 어울리는 제목을 찾아보세요.

인터넷 언어의 특징

인터넷 실명제의 장단점

인터넷 실명제가 필요한가

알맞아!

관계없어!

범위가 좁아!

① 인터넷 사용법　　　② 정확하고 믿음이 가는 정보　　③ 인터넷 실명제
④ 표현의 자유　　　　⑤ 양날의 칼　　　　　　　　⑥ 나쁜 소문이나 댓글
⑦ 학교 이름과 나이　　⑧ 실제 이름과 주민 등록 번호

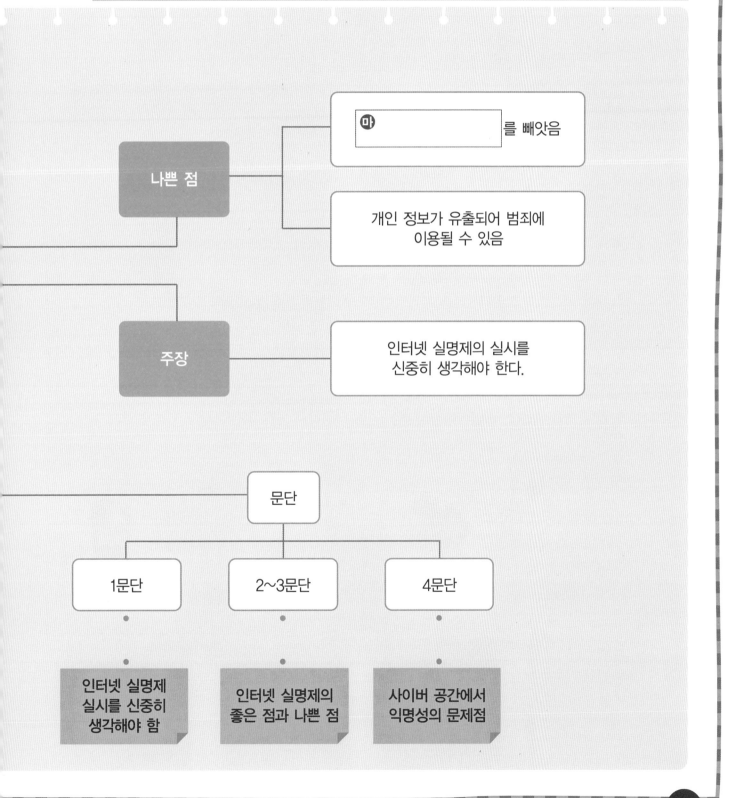

31

1 다음은 앞에서 읽은 글에서 제기한 문제와 주장을 정리한 것입니다. 글쓴이가 어떤 주장을 내세웠는지 적고, 그 주장을 뒷받침하는 근거로 적절한 것을 골라 ○표 해 보세요.

문제 제기	나쁜 소문이나 댓글이 사회적 문제가 되자 인터넷 실명제를 실시해야 한다고 주장하는 사람들이 늘고 있다.
주장	**가**
근거	① 인터넷 실명제가 실시되면 표현의 자유를 빼앗을 수 있다. ☐
	② 실제 이름과 개인 정보가 유출되어 범죄에 이용될 수 있다. ☐
	③ 인터넷 실명제가 실시되면 표현의 자유가 보장되어 자유롭게 자신의 생각이나 의견을 펼칠 수 있다. ☐

2 다음은 앞의 글을 읽은 친구들의 대화입니다. 가장 타당하지 <u>못한</u> 의견을 내고 있는 친구는 누구인가요?

① 인터넷 실명제를 실시하면 자신의 의사를 제대로 표현할 수 없을 것 같아.

② 인터넷 실명제를 실시하면 댓글을 쓰기 전에 한 번쯤 더 생각해 보게 될 것 같아.

③ 누구에게나 표현의 자유가 있기 때문에 어떤 댓글을 달아도 상관없어.

④ 인터넷 실명제를 실시 하면 개인 정보가 유출 되어 범죄에 이용될 수 있을 것 같아.

 오늘 읽어 볼 글입니다. 차근차근 잘 읽고, 문제를 풀어 보세요.

현명 : 일회용품이 우리 생활 깊숙이 자리 잡고 있습니다. 하지만 일회용품은 재활용률이 매우 낮아 땅에 묻거나 불에 태우는 과정에서 자원의 낭비가 심할 뿐만 아니라 쓰레기 처리 비도 엄청나다고 합니다. 이번 시간에는 일회용품 사용을 줄이는 방법에 대해 의견을 나누어 보도록 하겠습니다.

미연 : 저는 종이컵 대신 개인 컵을 사용했으면 좋겠습니다. 개인 컵을 사용하는 것이 더 위생적이기 때문입니다.

경민 : 일회용품을 사용할 수밖에 없는 상황도 있으므로 일회용품을 사용하는 횟수를 줄였으면 좋겠습니다. 예를 들면 정수기 옆에 있는 '한모금' 종이컵 같은 경우, 한 번 마시고 곧바로 다른 컵을 이용해 물을 마시는 친구들이 있습니다. 한 사람이 하루에 한 개씩만 절약해도 우리 반에서만 40여 개를 줄일 수 있습니다.

호손 : 일회용품을 사용하지 않으면 너무 불편할 것 같아요. 가끔은 사용해도 좋을 것 같아요.

강연 : 이면지⑴를 재활용했으면 좋겠습니다. 쓰지 않은 부분을 한 번 더 사용한다면 종이 한 장을 절약하는 셈이 되니까요.

정민 : 시장에 갈 때나 물건을 살 때 장바구니를 이용했으면 좋겠습니다. 장바구니를 들고 다니는 것이 귀찮고 번거로울 수 있지만, 일회용 비닐 봉지의 사용을 줄일 수 있는 좋은 방법이라고 생각합니다.

현명 : 지금까지 여러 가지 좋은 의견이 나왔습니다. 앞으로 일회용품 사용을 줄이도록 노력해 주었으면 좋겠습니다.

❶ **이면지** : 종이 뒷면

 글밥지도 그리기

다음은 앞에서 읽은 글의 내용을 한눈에 볼 수 있도록 정리한 글밥지도입니다. 보기 에서 알맞은 말을 골라 빈칸을 채워 보세요. 그리고 글에 알맞은 토의 주제를 찾아 선으로 연결해 보세요.

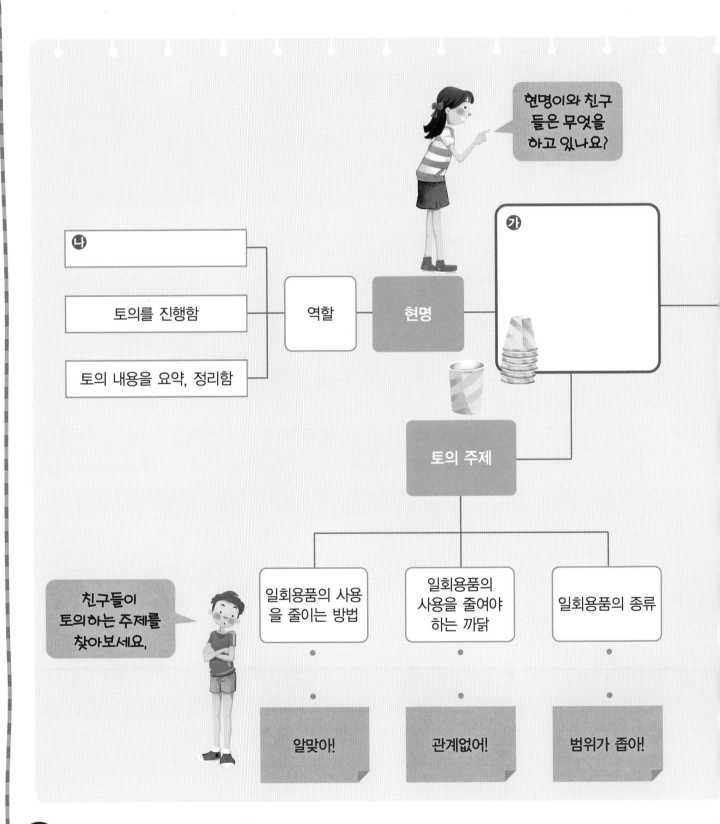

미연
의견 — 종이컵 대신 개인 컵을 사용하자.
근거 — 다

경민
의견 — 라
근거 — 일회용품을 사용할 수밖에 없는 상황도 있으므로

호손
의견 — 일회용품을 가끔 사용해도 좋다.
근거 — 일회용품을 사용하지 않으면 불편할 것 같아서

강연
의견 — 이면지를 마
근거 — 이면지를 쓰면 종이 한 장을 절약하는 셈이 되므로

정민
의견 — 바
근거 — 일회용 비닐 봉지 사용을 줄일 수 있어서

1 다음은 일회용품의 사용을 줄여야 하는 까닭을 정리한 것입니다. 바르지 <u>않은</u> 것을 모두 골라 ∨표 해 보세요.

일회용품의 사용을 줄여야 하는 까닭	
① 일회용품은 땅에 묻거나 불에 태우는 과정에서 자원의 낭비가 심하다.	☐
② 일회용품은 여러 번 재활용할 수 있기 때문에 자원이 절약된다.	☐
③ 일회용품을 사용하지 않으면 너무 불편하다.	☐
④ 일회용품은 한 번 사용하고 버리는 경우가 많아 쓰레기의 처리비도 엄청나다.	☐

2 다음은 앞의 글을 읽은 친구들의 대화입니다. 가장 타당한 의견을 내고 있는 친구는 누구인가요?

① 재활용이 가능한 일회용품은 사용한 뒤 분리수거를 통하여 용도에 맞게 다시 사용해야 해.

② 모든 친구들이 토의 주제에 어긋난 의견을 말하고 있어.

③ 일회용품은 계속 재활용할 수 있어서 자원을 절약하는 데 도움이 되니 안심하고 사용해도 괜찮아.

④ 일회용품은 나쁜 점보다 좋은 점이 더 많으니까 많이 사용해도 돼.

오늘 읽어 볼 글입니다. 차근차근 잘 읽고, 문제를 풀어 보세요.

　화산은 땅속에 있는 가스, 마그마 따위가 땅을 뚫고 밖으로 나와 만들어진 지형을 말한다. 화산 활동은 땅속 깊은 곳에서 무척 뜨겁고 물렁물렁한 물질인 마그마가 땅에 난 구멍이나 틈새로 솟구쳐 나오는 현상이다.

　화산이 폭발할 때 화산 가스, 용암, 화산재, 먼지 등이 함께 밖으로 쏟아져 나오는데, 이때 마그마의 양, 끈기, 온도 그리고 마그마에 포함된 수증기나 가스의 양에 따라 화산의 모양이 달라지기도 한다. 끈기가 적은 용암이 나와 평탄한 지형을 이루는 용암 대지, 끈기가 적은 용암이 여러 번 분출❶ 되어 이루어진 방패형 화산, 끈기가 많은 용암이 멀리 흐르지 못하고 분화구 부근에 솟아오른 종형 화산, 용암과 고체 물질이 되풀이되어 쌓여서 원뿔 모양을 이룬 원뿔형 화산 등이 있다.

　화산 활동의 유형에 따라 지금도 마그마의 활동이 활발한 활화산, 마그마의 활동이 잠시 중단된 휴화산, 한때 마그마의 활동이 있었으나 지금은 활동을 멈춘 사화산으로 나뉜다.

　화산이 폭발할 때 함께 분출되는 용암은 주변의 모든 것을 태워 버리고, 화산재는 태양 빛을 가려 기후 변화를 일으키기도 한다. 또한 화산이 폭발하면서 함께 나타나는 지진, 산사태, 해일이나 폭풍 등도 많은 피해를 가져온다.

　하지만 화산 활동이 우리에게 피해만 주는 것은 아니다. 마그마로 데워진 물은 온천으로 이용되고, 수증기는 땅속에서 나오는 증기나 더운물을 이용하여 전기를 만드는 지열 발전을 하는 데 이용된다. 또 화산재로 덮인 땅은 나중에 비옥한 농토로 쓰일 수 있다. 한라산과 백두산 천지, 울릉도 나리 분지 등은 화산 활동이 일어난 지역으로, 볼거리가 많아 많은 사람들이 찾는 관광지가 되었다.

❶ **분출** : 액체나 기체 상태의 물질이 솟구쳐서 뿜어 나옴

글밥지도
그리기

다음은 앞에서 읽은 글의 내용을 한눈에 볼 수 있도록 정리한 글밥지도입니다. 보기
에서 알맞은 말을 골라 빈칸을 채워 보세요. 그리고 글에 알맞은 제목을 찾아 선으
로 연결해 보세요.

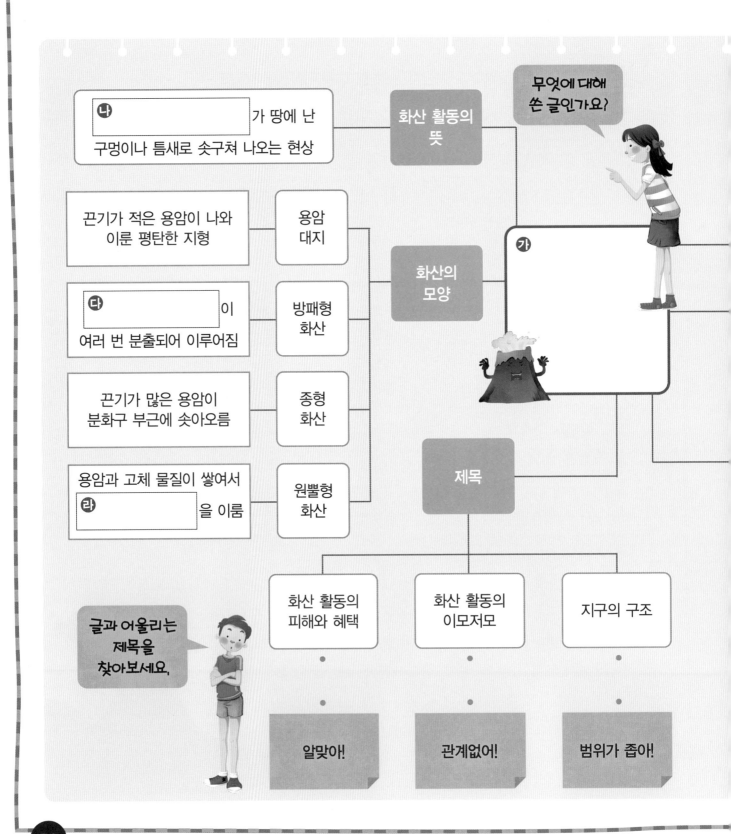

무엇에 대해 쓴 글인가요?

나 [   ] 가 땅에 난 구멍이나 틈새로 솟구쳐 나오는 현상 — 화산 활동의 뜻

끈기가 적은 용암이 나와 이룬 평탄한 지형 — 용암 대지

다 [   ] 이 여러 번 분출되어 이루어짐 — 방패형 화산

끈기가 많은 용암이 분화구 부근에 솟아오름 — 종형 화산

용암과 고체 물질이 쌓여서 **라** [   ] 을 이룸 — 원뿔형 화산

화산의 모양

가

제목

글과 어울리는 제목을 찾아보세요.

화산 활동의 피해와 혜택

화산 활동의 이모저모

지구의 구조

알맞아!

관계없어!

범위가 좁아!

보기

- ① 화산
- ② 온천
- ③ 기후 변화
- ④ 생화산
- ⑤ 마그마
- ⑥ 원뿔 모양
- ⑦ 끈기가 적은 용암
- ⑧ 지금도 마그마의 활동이 활발한 화산

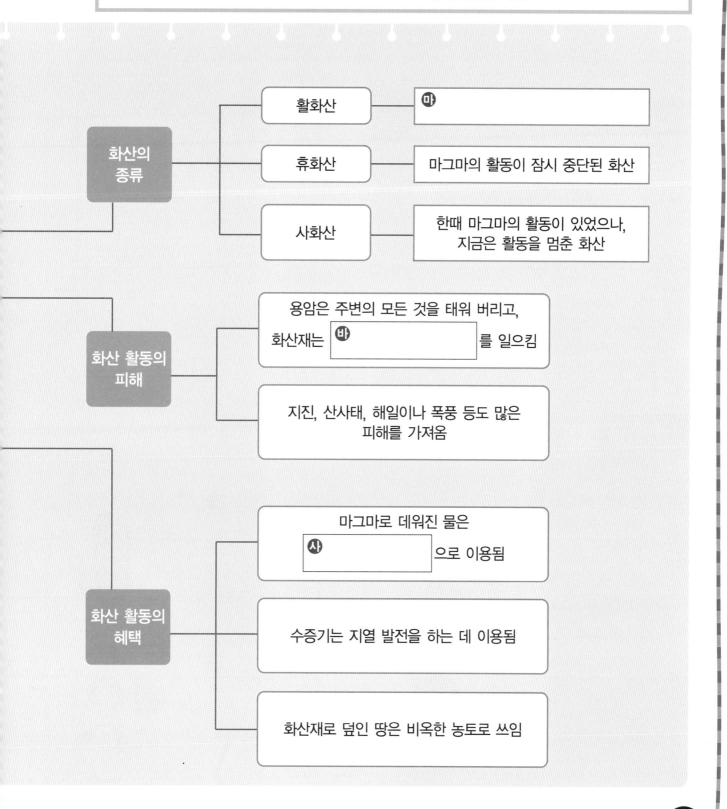

화산의 종류

- 활화산 ─ ㉮
- 휴화산 ─ 마그마의 활동이 잠시 중단된 화산
- 사화산 ─ 한때 마그마의 활동이 있었으나, 지금은 활동을 멈춘 화산

화산 활동의 피해

- 용암은 주변의 모든 것을 태워 버리고, 화산재는 ㉯ 를 일으킴
- 지진, 산사태, 해일이나 폭풍 등도 많은 피해를 가져옴

화산 활동의 혜택

- 마그마로 데워진 물은 ㉰ 으로 이용됨
- 수증기는 지열 발전을 하는 데 이용됨
- 화산재로 덮인 땅은 비옥한 농토로 쓰임

1 다음은 앞의 글을 읽고, 새롭게 알게 된 점을 정리한 것입니다. 바르지 <u>않은</u> 것을 골라 ∨표 해 보세요.

새롭게 알게 된 점
① 화산 활동은 땅의 약한 부분에서 일어난다는 것을 알게 되었어.
② 화산이라고 해서 모두 화산 활동이 일어나는 것은 아니라는 것을 알게 되었어.
③ 화산 활동이 사람들에게 피해만 주는 것이 아니라, 여러 가지 혜택도 준다는 것을 알게 되었어.
④ 화산 활동으로 인한 피해는 대부분 용암 때문이라는 것을 알게 되었어.

2 다음은 앞의 글을 읽은 친구들의 대화입니다. 가장 타당하지 <u>못한</u> 의견을 내고 있는 친구는 누구인가요?

① 화산이 폭발할 때에 화산 가스, 용암, 화산재, 먼지 등이 함께 나와 피해가 클 수밖에 없어.

② 우리나라는 아직 한 번도 화산 활동이 일어난 적이 없어.

③ 화산 활동이 이미 있었던 지역이라도 또다시 화산 활동이 일어날 수 있어.

④ 화산 활동이 있었던 지역에는 온천이 생기기도 한다니, 화산 활동이 우리에게 피해만 주는 것은 아니야.

 오늘 읽어 볼 내용입니다. 차근차근 잘 읽고, 문제를 풀어 보세요.

　엄마께서 에드몬도 데 아미치스가 1886년에 발표한 〈사랑의 학교〉라는 책을 선물해 주셨다. 무엇보다도 제목이 마음에 들어 받자마자 책을 펼쳤다.

　이 책은 주인공 엔리코가 학교와 집에서 겪은 일들이 일기 형식으로 쓰여 있어 책장을 넘길 때마다 '다음 날은 어떤 일이 일어날까?' 하는 궁금증을 불러일으켰다.

　엔리코의 하루하루의 일상이 담겨 있는 일기 속에는 엔리코와 엔리코 주변의 다양한 사람들이 등장하는데, 등장인물들이 겪는 일을 통해 슬픔, 기쁨, 감동 등을 함께 느낄 수 있었다. 특히 늘 말썽을 피워 선생님과 어머니의 속을 태우는 프란띠가 안타까웠다. 프란띠의 어머니가 아들을 다시 학교에 보내기 위해 교장 선생님께 무릎을 꿇고 애원하는 장면이 기억에 남는데, 이 장면에서는 프란띠가 정말 미웠다.

　이 책에서 가장 인상적인 점은 일기가 쓰여진 달이 끝날 때마다 페르보니 선생님이 들려준 작은 동화가 실려 있는 것이다. 또 다른 이야기를 읽는 것 같아 재미있고, 이야기마다 교훈이 담겨 있어 감동적이었다. 초등학교 2학년 때 한 달에 한 번씩 우리나라 건국 신화를 들려주시던 고현정 선생님이 생각났다. 나도 선생님께서 이야기를 들려주시던 세 번째 토요일을 기다리곤 했다.

　평소에 나는 날마다 쓰는 일기가 지루해서 싫었다. 그런데 이 책을 읽고 나니 일기도 얼마든지 감동적이고 재미있게 쓸 수 있겠다는 생각이 들었다. 나도 엔리코처럼 학교나 주변에서 있었던 일을 솔직하게 담은 일기를 써야겠다.

다음은 앞에서 읽은 글의 내용을 한눈에 볼 수 있도록 정리한 글밥지도입니다. 보기 에서 알맞은 말을 골라 빈칸을 채워 보세요. 그리고 글에 알맞은 제목과 글의 짜임을 찾아 선으로 연결해 보세요.

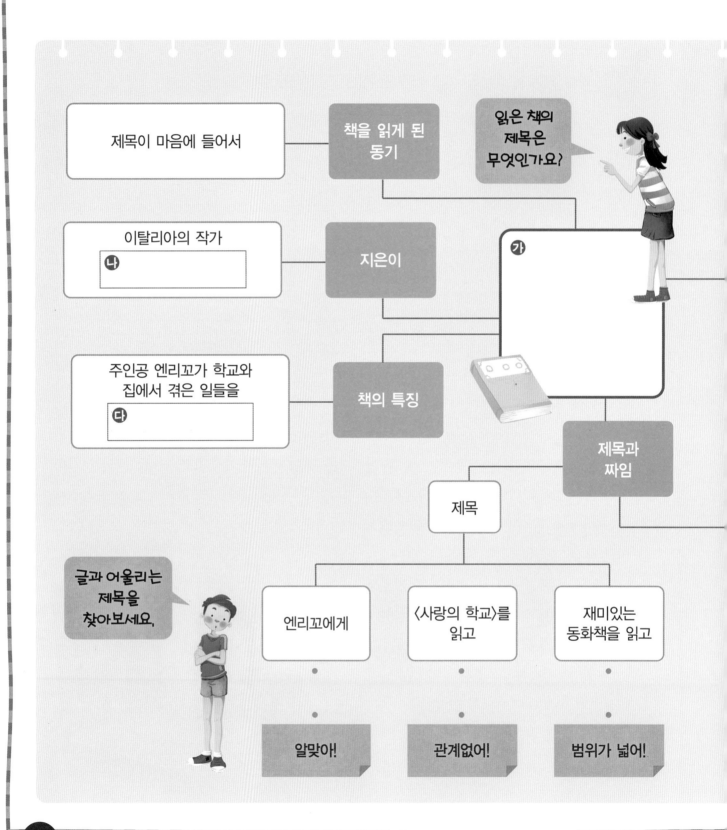

제목이 마음에 들어서 ——— 책을 읽게 된 동기

읽은 책의 제목은 무엇인가요?

이탈리아의 작가
나

지은이

가

주인공 엔리꼬가 학교와 집에서 겪은 일들을
다

책의 특징

제목과 짜임

제목

글과 어울리는 제목을 찾아보세요.

엔리꼬에게

〈사랑의 학교〉를 읽고

재미있는 동화책을 읽고

알맞아!

관계없어!

범위가 넓어!

보기

① 에드몬도 데 아미치스 ② 사랑의 학교 ③ 기쁨, 슬픔, 감동

④ 그림형제 ⑤ 일기 형식으로 쓴 동화 ⑥ 고현정 선생님

⑦ 엔리꼬가 들려주는 ⑧ 페르보니 선생님

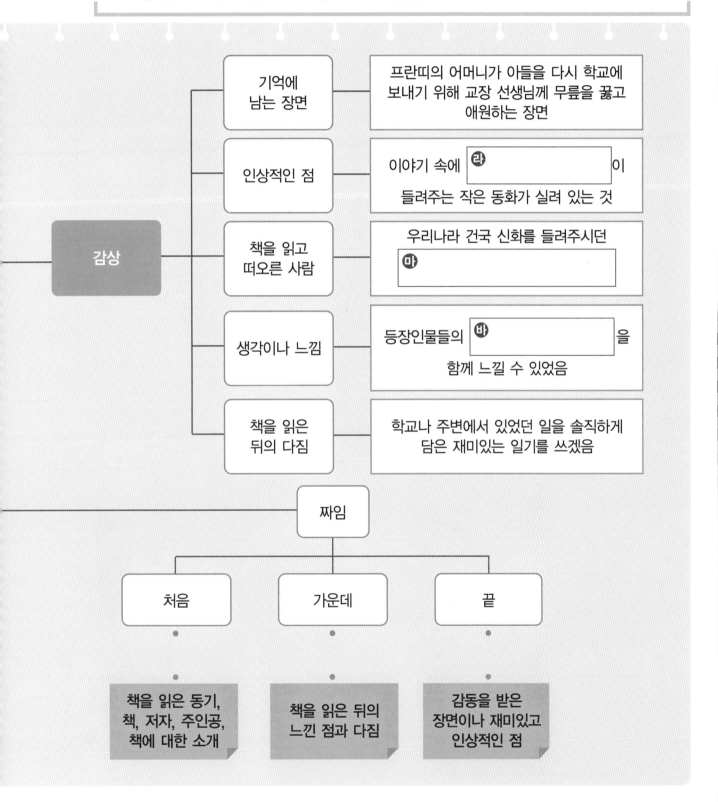

감상

기억에 남는 장면 — 프란띠의 어머니가 아들을 다시 학교에 보내기 위해 교장 선생님께 무릎을 꿇고 애원하는 장면

인상적인 점 — 이야기 속에 **라** [   ]이 들려주는 작은 동화가 실려 있는 것

책을 읽고 떠오른 사람 — 우리나라 건국 신화를 들려주시던 **마** [   ]

생각이나 느낌 — 등장인물들의 **바** [   ]을 함께 느낄 수 있었음

책을 읽은 뒤의 다짐 — 학교나 주변에서 있었던 일을 솔직하게 담은 재미있는 일기를 쓰겠음

짜임

처음 — 책을 읽은 동기, 책, 저자, 주인공, 책에 대한 소개

가운데 — 책을 읽은 뒤의 느낀 점과 다짐

끝 — 감동을 받은 장면이나 재미있고 인상적인 점

1 다음은 독서 감상문에 담길 수 있는 내용을 정리한 것입니다. 이 가운데 앞에서 읽은 감상문에 쓰여진 내용이 <u>아닌</u> 것을 골라 ∨표 해 보세요.

처음	① 지은이나 주인공에 대한 소개	
	② 책을 읽은 동기	
	③ 책의 종류나 역사적 의의, 주위의 평판 등	
가운데	④ 인상 깊은 장면	
	⑤ 등장인물의 행동에 대한 자신의 생각과 의견	
	⑥ 책의 내용과 비슷한 자신의 경험	
끝	⑦ 책을 읽은 뒤 생각이나 느낌	
	⑧ 책을 읽은 뒤의 다짐	

2 다음은 앞의 글을 읽은 친구들의 대화입니다. 가장 타당하지 <u>못한</u> 의견을 내고 있는 친구는 누구인가요?

① 엔리꼬의 학교생활이 얼마나 재미있게 표현되었는지 궁금해. 나도 이 책을 꼭 읽어 보고 싶어.

② 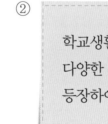 학교생활을 다룬 이야기니까 다양한 성격의 친구들이 등장하여 재미있을 것 같아.

③  학교생활을 소재로 하여 쓴 이야기라 우리가 겪는 생활과 비슷해서 재미없을 것 같아.

④  페르보니 선생님이 들려 주신 이야기가 어떤 이야기인지 궁금해.

꼼꼼히 집중하여 읽기

글의 갈래	**전래 동요**
걸린 시간	분 초

오늘 읽어 볼 글입니다. 차근차근 잘 읽고, 문제를 풀어 보세요.

타박타박 타박네야
너 어드메 울고 가니
우리 엄마 무덤가에
젖 먹으러 찾아간다
물이 깊어서 못 간단다
물 깊으면 헤엄쳐 가지
산이 높아서 못 간단다
산 높으면 기어가지
명태 줄라
명태 싫다
가지 줄라
가지 싫다
우리 엄마 젖을 다오
우리 엄마 젖을 다오.

우리 엄마 무덤가에
기어 기어 와서 보니
빛깔 곱고 탐스러운
개똥참외 열렸길래
두 손으로 따서 쥐고
정신없이 먹어 보니
우리 엄마 살아 생전
내게 주던 젖 맛일세
명태 줄라
명태 싫다
가지 줄라
가지 싫다
우리 엄마 젖을 다오
우리 엄마 젖을 다오.

글밥지도
그리기

다음은 앞에서 읽은 글의 내용을 한눈에 볼 수 있도록 정리한 글밥지도입니다. 보기
에서 알맞은 말을 골라 빈칸을 채워 보세요. 그리고 글에 알맞은 제목과 내용을 찾
아 선으로 연결해 보세요.

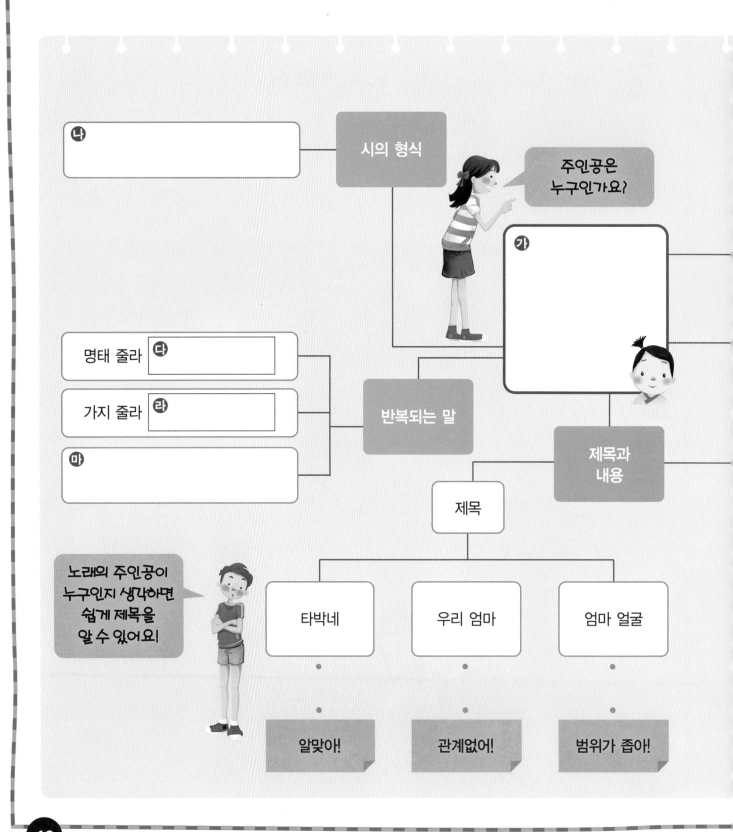

나

시의 형식

주인공은
누구인가요?

가

명태 줄라 다

가지 줄라 라

반복되는 말

마

제목과
내용

제목

노래의 주인공이
누구인지 생각하면
쉽게 제목을
알 수 있어요!

타박네

우리 엄마

엄마 얼굴

알맞아!

관계없어!

범위가 좁아!

46

보기

① 타박네   ② 우리 엄마 젖을 다오   ③ 안타깝고 애절함

④ 명태 싫다   ⑤ 묻고 대답하는 형식   ⑥ 가지 싫다

⑦ 엄마에 대한 그리움   ⑧ 밝고 명랑함

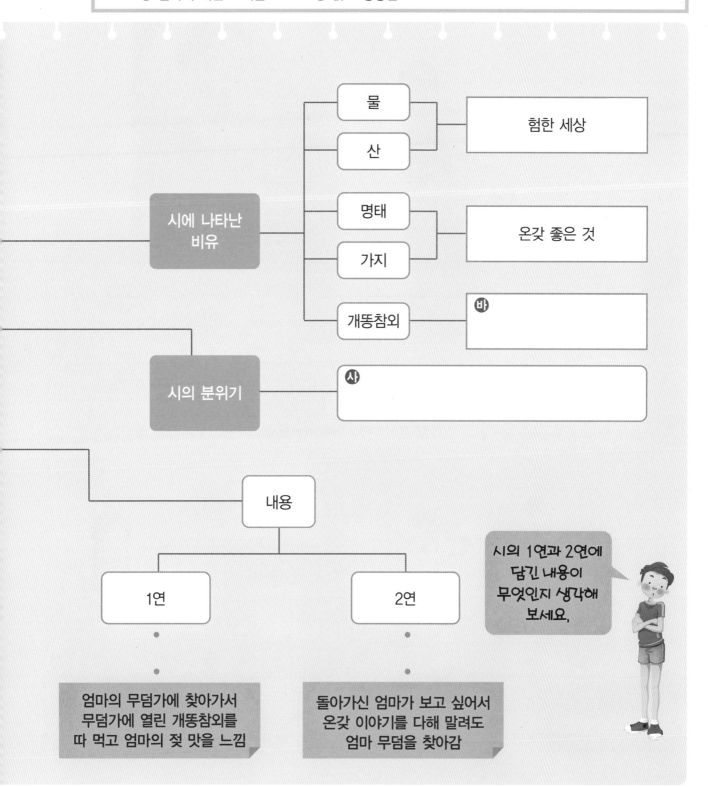

시에 나타난 비유

물 ─┐
산 ─┴── 험한 세상

명태 ─┐
가지 ─┴── 온갖 좋은 것

개똥참외 ──── **바**

시의 분위기 ──── **사**

내용

1연

2연

엄마의 무덤가에 찾아가서 무덤가에 열린 개똥참외를 따 먹고 엄마의 젖 맛을 느낌

돌아가신 엄마가 보고 싶어서 온갖 이야기를 다해 말려도 엄마 무덤을 찾아감

시의 1연과 2연에 담긴 내용이 무엇인지 생각해 보세요.

1 다음은 타박네가 엄마의 무덤가를 찾아가는 모습입니다. 이 장면에서 타박네의 마음으로 알맞은 것을 모두 골라 ○표 해 보세요.

그립다. ☐	행복하다. ☐	황당하다. ☐	애틋하다. ☐

2 다음은 앞의 글을 읽은 친구들의 대화입니다. 가장 타당하지 <u>못한</u> 의견을 내고 있는 친구는 누구인가요?

① 엄마를 그리워하는 타박네의 마음이 느껴져 안타까워.

② 개똥참외에서 엄마의 젖 맛이 느껴진다고 한 것으로 보아 타박네는 엄마를 아주 그리워하고 있어.

③ 글자 수가 일정하게 되풀이되어 노래하는 느낌이 들어.

④ 타박네가 온갖 어려움을 극복하고 결국 엄마를 만나서 얼마나 다행인지 몰라.

오늘 읽어 볼 내용입니다. 차근차근 잘 읽고, 문제를 풀어 보세요.

인천 우람초, '독서 골든벨 대회' 열어

책을 들어요! 독서 실력을 뽐내요!

인천 우람초등학교 어린이들이 지난주 금요일 시청각실에서 자신의 독서 실력을 확인하기 위한 독서 골든벨 본선 대회를 치렀다.

지난해에 이어 두 번째로 실시된 이번 독서 골든벨 대회는 1학년부터 6학년까지 전체 학생이 학년별로 대회를 벌였고, 학년별 우승자끼리 본선 대회에서 결승전을 치러 골든벨 우승자를 가렸다. 퀴즈를 푸는 친구들을 지켜보는 어린이들은 각자 자기 학년을 대표하여 출전한 선수들을 응원하였고, 문제를 맞힐 때마다 환호성을 질렀다.

각 학년별 최우수상 수상자 1명씩에게는 도서 상품권이 주어졌고, 골든벨을 울린 5학년 강문선 어린이에게는 책 5권이 선물로 주어졌다.

이번 독서 골든벨 대회는 학생들이 책에 대한 흥미를 가지고, 책을 정독하는 생활을 습관화하는 뜻깊은 시간이 되었으며, 우람초등학교는 이번 행사를 계기로 앞으로 더욱 다양하고 유익한 독서 교육 활동을 벌일 계획이다.

다음은 앞에서 읽은 글의 내용을 한눈에 볼 수 있도록 정리한 글밥지도입니다. 보기 에서 알맞은 말을 골라 빈칸을 채워 보세요. 그리고 알맞은 본문의 짜임을 찾아 선으로 연결해 보세요.

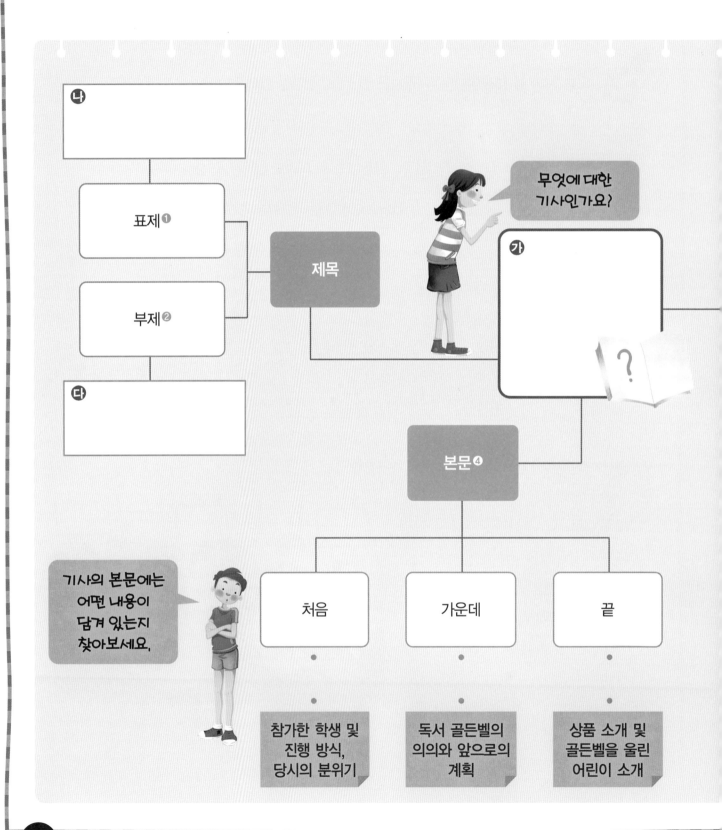

나

표제❶

부제❷

다

제목

무엇에 대한 기사인가요?

가

?

본문❹

처음

가운데

끝

기사의 본문에는 어떤 내용이 담겨 있는지 찾아보세요.

참가한 학생 및 진행 방식, 당시의 분위기

독서 골든벨의 의의와 앞으로의 계획

상품 소개 및 골든벨을 울린 어린이 소개

보기
① 백일장
② 퀴즈 대회
③ 독서 골든벨 대회
④ 시청각실에서
⑤ 책을 들어요! 독서 실력을 뽐내요!
⑥ 우람초등학교 어린이들은
⑦ 자신의 독서 실력을 확인하기 위해
⑧ 인천 우람초, '독서 골든벨 대회' 열어

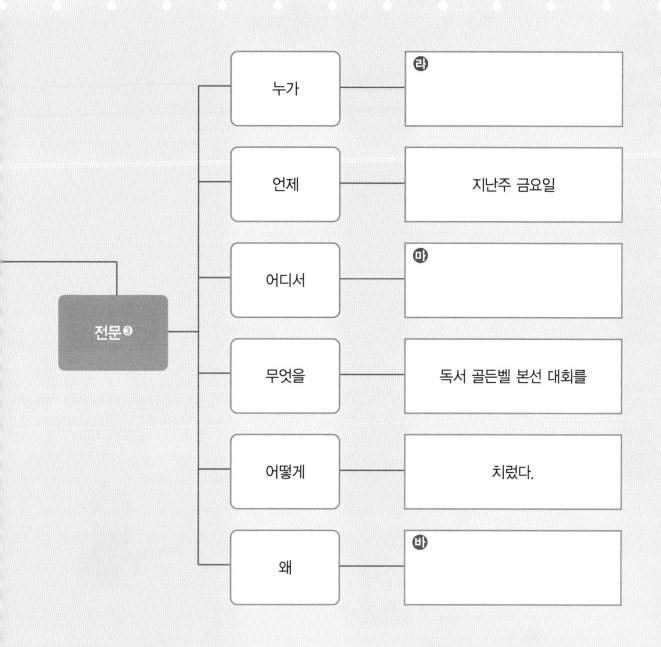

전문❸

누가 — 라

언제 — 지난주 금요일

어디서 — 마

무엇을 — 독서 골든벨 본선 대회를

어떻게 — 치렀다.

왜 — 바

❶ **표제** : 기사 내용을 압축한 큰 제목
❷ **부제** : 표제를 보충하는 작은 제목
❸ **전문** : 사건과 상황을 육하원칙에 따라 요약하여 본문 앞에서 알려 주는 부분
❹ **본문** : 기사의 구체적인 내용을 상세히 알려 주는 부분

1 다음은 앞에서 읽은 기사문에서 다룬 행사에 대해 ☆☆신문 나실수 기자가 쓴 기사의 제목과 전문입니다. 육하원칙 가운데 무엇이 빠져 있는지 찾아 ∨표 해 보세요.

독서 퀴즈 풀며 독서 실력 뽐내

우람초 어린이들 독서 골든벨 본선 대회 치러

지난주 금요일 우람초등학교 시청각실에 모여 자신의 독서 실력을 뽐내기 위한 독서 골든벨 본선 대회를 치러서 화제가 되고 있다.

누가		언제		어디서	
무엇을		어떻게		왜	

2 다음은 앞의 글을 읽은 친구들의 대화입니다. 가장 타당하지 <u>못한</u> 의견을 내고 있는 친구는 누구인가요?

① 본선 대회를 치르기 전에 학년별 대회를 치렀구나.

② 독서 골든벨 대회는 본선에 올라간 6명의 친구들만 모여 조용히 치러졌어.

③ 독서 골든벨 대회에 나가려면 책을 꼼꼼하게 읽어야 할 것 같아.

④ 우람초등학교에서는 앞으로도 독서 골든벨 대회를 계속할 계획이군.

오늘 읽어 볼 글입니다. 차근차근 잘 읽고, 문제를 풀어 보세요.

지난 일요일, 우리 가족은 에너지가 어떻게 만들어져 우리 집까지 오는지 알아보기 위해 인천에 있는 가스 과학관에 다녀왔다. 가스 과학관은 가스가 많이 저장되어 있는 국가 안보 시설이라 예약한 사람만 들어갈 수 있어 한 달 전에 아버지께서 예약을 하셨다.

가스 과학관에 도착하여 우리 가족은 안내원 아저씨와 함께 엘리베이터를 타고, 46억 년의 지구 역사와 화석 연료의 탄생 과정으로 구성된 지층 여행을 시작하였다. 새하얀 빙벽과 숲으로 이루어진 장치 속에서 천연가스의 에너지 순환을 학습하는 얼음 나라, 에너지 탄생, 에너지 탐구, 에너지 산책, 천연가스 이야기 등 다양한 코스를 탐방하였다.

다음으로 우리는 자유 체험장으로 갔다. 자전거로 에너지 만들기, 자석의 힘, 풍력 발전의 원리 등 여러 가지 에너지가 생기는 원리를 놀이를 통해 알아볼 수 있어 유익했다.

마지막으로 크린 타워 전망대에 올랐다. 눈앞에 펼쳐진 경치가 정말 시원하였다.

이번 견학을 통해 나는 가스가 만들어지는 과정과 채취, 운반, 공급 과정을 자세히 알게 되었다. 가스는 원래 이상한 냄새가 나는 것인 줄 알았는데, 일부러 양파 썩은 냄새를 넣어서 집에서 가스가 새면 냄새로 알 수 있도록 한다는 것도 알게 되었다.

나는 처음에 가스 과학관이 가스가 생기는 과정을 알려 주는 곳이라 해서 재미가 없을 것이라고 생각했다. 그런데 지루한 박물관과는 달리 정말 재미있었다. 가스 과학관을 나오면서 앞으로 편리하고 경제적이고 깨끗한 천연가스를 이용한 차를 많이 만들어 환경이 깨끗한 지구가 되었으면 좋겠다는 생각을 하였다.

다음은 앞에서 읽은 글의 내용을 한눈에 볼 수 있도록 정리한 글밥지도입니다. 보기 에서 알맞은 말을 골라 빈칸을 채워 보세요. 그리고 글에 알맞은 제목과 어디에서 무엇을 했는지 찾아 선으로 연결해 보세요.

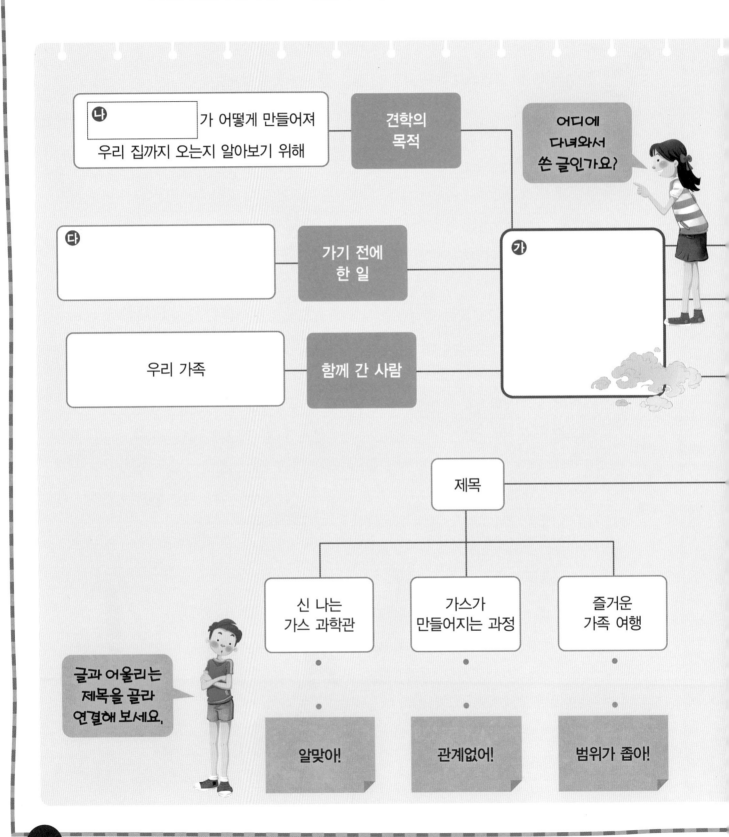

나 [   ]가 어떻게 만들어져 우리 집까지 오는지 알아보기 위해 — 견학의 목적

어디에 다녀와서 쓴 글인가요?

다 [   ] — 가기 전에 한 일

가

우리 가족 — 함께 간 사람

제목

신 나는 가스 과학관

가스가 만들어지는 과정

즐거운 가족 여행

글과 어울리는 제목을 골라 연결해 보세요.

알맞아!

관계없어!

범위가 좁아!

보기

① 이상한 냄새　　② 에너지　　③ 가스 과학관

④ 지루한 박물관　　⑤ 한 달 전에 아버지께서 예약을 하심

⑥ 여러 전시관의 전시물　　⑦ 천연가스를 이용한 차　　⑧ 향기

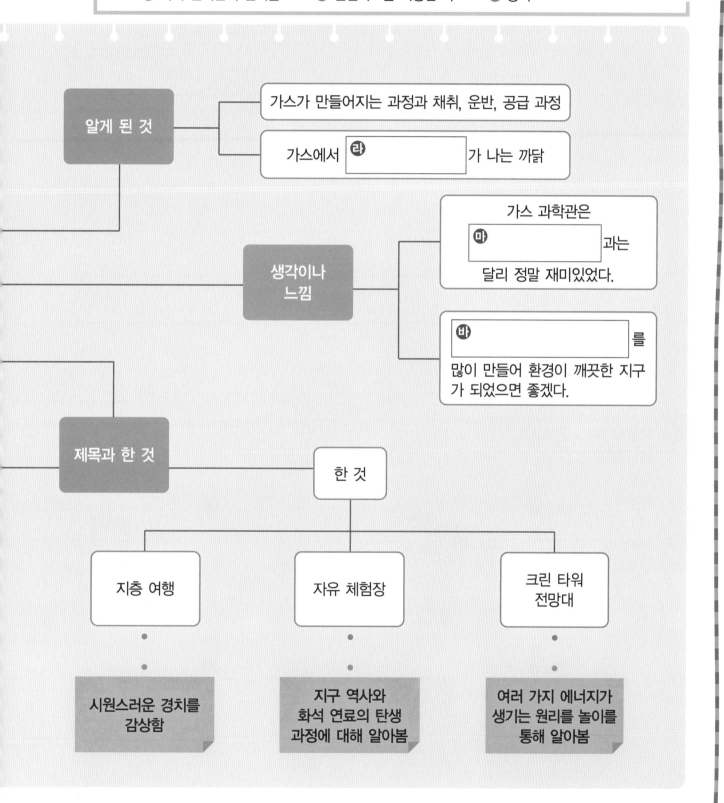

알게 된 것

가스가 만들어지는 과정과 채취, 운반, 공급 과정

가스에서 **라** 가 나는 까닭

생각이나 느낌

가스 과학관은 **마** 과는 달리 정말 재미있었다.

바 를 많이 만들어 환경이 깨끗한 지구가 되었으면 좋겠다.

제목과 한 것

한 것

지층 여행

자유 체험장

크린 타워 전망대

시원스러운 경치를 감상함

지구 역사와 화석 연료의 탄생 과정에 대해 알아봄

여러 가지 에너지가 생기는 원리를 놀이를 통해 알아봄

1 다음은 앞에서 읽은 견학 기록문의 내용을 정리한 것입니다. 잘못된 부분을 모두 찾아 ∨표 해 보세요.

견학 장소	① 가스 과학관		견학한 때	지난 일요일
견학 목적	② 에너지가 어떻게 만들어져 우리 집까지 오는지 알아보기 위해			
견학 기록	③ 지층 여행 – 지구의 역사와 화석 연료의 탄생 과정			
	④ 자유 체험장 – 에너지가 생기는 원리를 놀이를 통해 알아봄			
	⑤ 크린 타워 전망대 – 여러 가지 에너지가 생기는 과정 체험			
느낀 점	⑥ 지루했다.			
생각한 점	환경이 깨끗한 지구가 되었으면 좋겠다.			

2 다음은 앞의 글을 읽은 친구들의 대화입니다. 가장 타당하지 못한 의견을 내고 있는 친구는 누구인가요?

① 가스 과학관은 에너지가 어떻게 생성되고 공급되는지 알 수 있도록 꾸며진 곳이야.

② 글쓴이는 가스 과학관 견학이 꽤 인상적이고 재미있었나 봐.

③ 나도 가스 과학관에 한번 가 보고 싶어. 가기 전에 꼭 예약을 해야지.

④ 가스 과학관 견학이 지루하다고 한 것을 보니 글쓴이는 견학하는 것을 정말 싫어하는 것 같아.

오늘 읽어 볼 글입니다. 차근차근 잘 읽고, 문제를 풀어 보세요.

　　주시경은 1876년 황해도 봉산군에서 여섯 남매 가운데 셋째로 태어났습니다. 주시경은 어렸을 때부터 총명하고 호기심과 탐구심이 강하였으며, 마음먹은 일은 꼭 해내고야 마는 성격이었습니다. 여덟 살 되던 해, 친구들과 하늘을 만져 보겠다고 높은 산꼭대기까지 오른 일이 있었습니다. 친구들은 힘들다며 도중에 포기하였지만, 주시경은 혼자서 산꼭대기에 올랐습니다.

　　주시경은 일곱 살 때부터 한문 공부를 시작하였는데, 우연히 우리글을 접하고 나서 한문 공부를 하는 틈틈이 우리글을 연구했습니다.

　　배재 학당에 들어가 늘 책을 가까이하며 공부에만 매달리던 주시경은 우리말을 연구하면 할수록 우리말이 얼마나 풍부하고, 문법이 얼마나 조리에 맞는지 알게 되었습니다. 그리하여 더욱더 아름답고 과학적인 우리말에 대한 연구를 게을리하지 않았습니다.

　　그 뒤 주시경은 서재필과 최초의 한글 신문인 〈독립신문〉을 만들어 조정이❶ 잘못한 일을 비판하며 고치라고 요구하였습니다. 그리고 1908년 오늘날 우리나라에서 가장 오래된 학술 단체 한글 학회의 뿌리인 '국문 연구회'를 만들었고, 1910년에는 〈국어 문법〉을 펴냈습니다. 하지만 1914년 주시경은 과로로 병을 얻어 세상을 떠났습니다.

　　주시경은 평생 우리말과 글을 꾸준히 연구하였고, 많은 사람들에게 가르쳤습니다. 또한 우리말과 글이 얼마나 훌륭한지 널리 알리는 운동을 벌였습니다. 그가 온 힘을 기울인 우리말과 글의 연구는 현대 국어학의 바탕이 되었고, 당시 '언문', '암글'이라 불리며 푸대접받던 우리글에 자랑스러운 뜻을 담아 '한글'이라는 새 이름을 붙였습니다.

❶ **조정** : 임금이 나라의 정치를 신하들과 의논하거나 집행하는 곳 또는 그런 기구

글밥지도
그리기

다음은 앞에서 읽은 글의 내용을 한눈에 볼 수 있도록 정리한 글밥지도입니다. 보기
에서 알맞은 말을 골라 빈칸을 채워 보세요. 그리고 글에 알맞은 제목과 일이 일어
난 순서를 찾아 선으로 연결해 보세요.

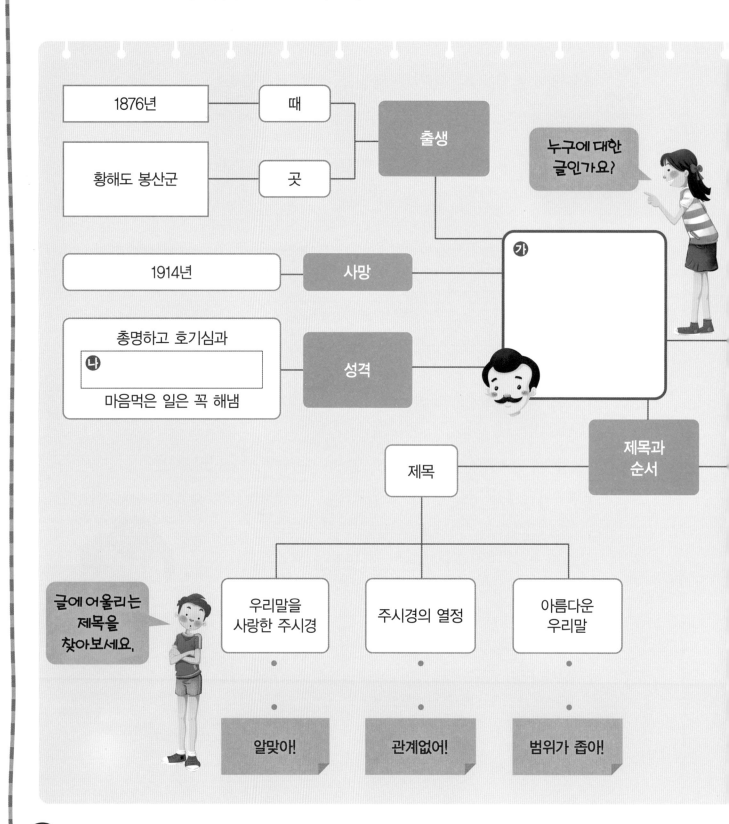

| 1876년 | 때 | 출생 |
| 황해도 봉산군 | 곳 | |

누구에 대한
글인가요?

가

1914년 — 사망

총명하고 호기심과
나
마음먹은 일은 꼭 해냄 — 성격

제목과
순서

글에 어울리는
제목을
찾아보세요.

제목

| 우리말을 사랑한 주시경 | 주시경의 열정 | 아름다운 우리말 |

| 알맞아! | 관계없어! | 범위가 좁아! |

58

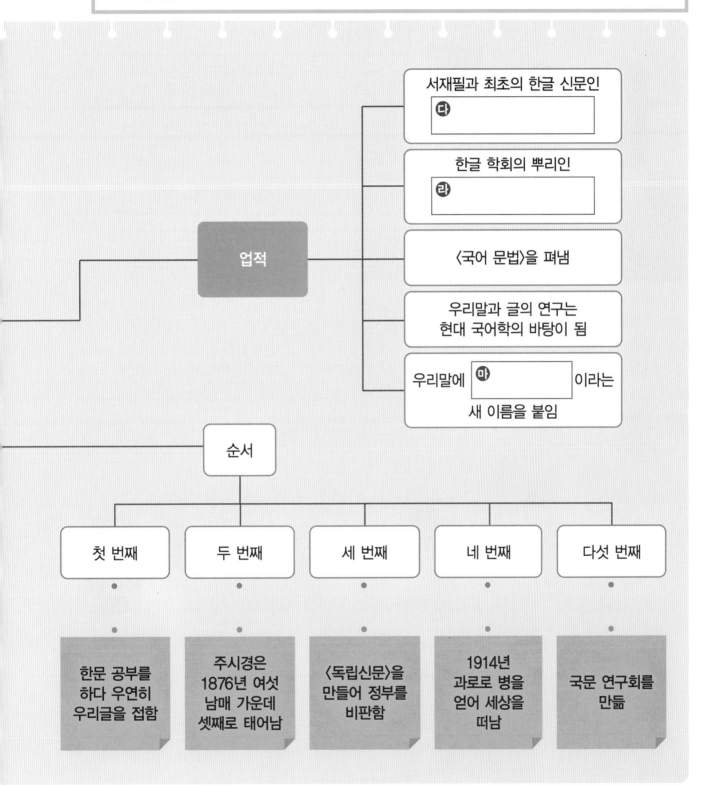

서재필과 최초의 한글 신문인

다

한글 학회의 뿌리인

라

〈국어 문법〉을 펴냄

우리말과 글의 연구는
현대 국어학의 바탕이 됨

우리말에 마 이라는
새 이름을 붙임

업적

순서

첫 번째	두 번째	세 번째	네 번째	다섯 번째
한문 공부를 하다 우연히 우리글을 접함	주시경은 1876년 여섯 남매 가운데 셋째로 태어남	〈독립신문〉을 만들어 정부를 비판함	1914년 과로로 병을 얻어 세상을 떠남	국문 연구회를 만듦

1 다음은 앞에서 읽은 글의 주인공이 우리말과 글을 연구하는 장면입니다. 주인공이 어떤 생각을 하였을지 알맞은 말을 모두 골라 ○표 해 보세요.

① 연구를 그만두고 싶어. ⬜

② 새로운 우리말과 글을 만들고 싶어. ⬜

③ 우리말과 글은 너무 까다롭고 어려워. ⬜

④ 우리말과 글은 정말 아름답고 과학적이야. ⬜

⑤ 우리말과 글을 소중하게 갈고 닦아야 해. ⬜

2 다음은 앞의 글을 읽은 친구들의 대화입니다. 가장 타당하지 <u>못한</u> 의견을 내고 있는 친구는 누구인가요?

① 글에 나타난 일화를 통해 주인공의 탐구심과 인내심을 짐작할 수 있어.

② 주인공은 평생을 우리말과 글을 연구하는 데 바쳤어.

③ 이 글은 주인공이 이동한 장소를 중심으로 이야기가 전개되었어.

④ 이 글을 읽고, 우리말과 글을 아끼고 사랑해야겠다는 마음이 들었어.

오늘 읽어 볼 글입니다. 차근차근 잘 읽고, 문제를 풀어 보세요.

민재야, 그동안 잘 지냈니? 지난번 편지에서 네가 살고 있는 경주에 대해 자세히 알려 주어서 경주를 아는 데에 많은 도움이 되었단다. 그래서 이번에는 내가 살고 있는 고양시에 대해 소개하려고 해.

고양시는 한강 하류 지역에 있어서 땅이 기름져 구석기 문화가 일찍 시작되었어. 이 때문에 곳곳에 유적이 남아 있고, 고대 볍씨가 처음으로 발굴된 곳이기도 해. 고양시는 삼국을 이은 고려, 조선 시대의 약 1천 년 동안 수도인 개성과 한양 부근에 위치하여 역사의 중심지 역할을 하여 국보, 유형 문화재, 무형 문화재 등 다양한 문화유산이 남아 있어.

권율 장군이 행주산성에서 왜군을 크게 무찌른 행주 대첩은 충무공의 한산 대첩과 더불어 길이 빛나는 전투로 역사에 기록되어 있지. 그리고 북한산에 위치한 북한산성은 삼국 시대 때부터 많은 역사적 사건을 겪은 곳이야. 또한 임진왜란과 병자호란 때 임금이 피난을 오기도 한 중요한 요새였어. 뿐만 아니라 고양시에는 왕실의 묘가 곳곳에 있어 시대마다 능의 형태나 규모를 알 수 있어. 그리고 선비의 고장답게 향교나 서원이 많단다.

고양시에는 역사 및 문화 유적지만 많은 것이 아니라, 다양한 문화 공간도 있어. 국내 최대의 인공 호수인 호수 공원에서는 해마다 고양 꽃 전시회가 열리고, 삼 년마다 고양 세계 꽃 박람회가 개최되어 수도권은 물론 세계적인 명소로 자리 잡아 가고 있어. 더불어 세계적인 규모의 전시 공간인 킨텍스에서도 다양한 행사가 열려 많은 사람들이 찾고 있단다.

이번 여름 방학 때 내가 살고 있는 고양시에 꼭 한 번 놀러 오렴.

글밥지도 그리기

다음은 앞에서 읽은 글의 내용을 한눈에 볼 수 있도록 정리한 글밥지도입니다. 보기
에서 알맞은 말을 골라 빈칸을 채워 보세요. 그리고 글에 알맞은 제목과 각 문단의
내용을 찾아 선으로 연결해 보세요.

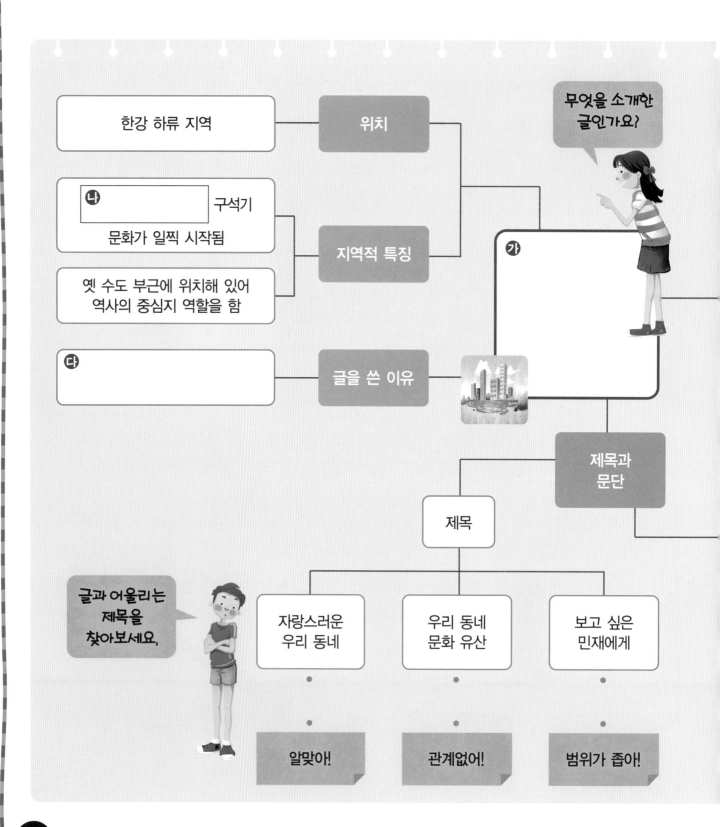

한강 하류 지역 ── 위치

나 ☐ 구석기
문화가 일찍 시작됨

옛 수도 부근에 위치해 있어
역사의 중심지 역할을 함

지역적 특징

다 ☐

글을 쓴 이유

무엇을 소개한
글인가요?

가

제목과
문단

제목

글과 어울리는
제목을
찾아보세요.

자랑스러운
우리 동네

우리 동네
문화 유산

보고 싶은
민재에게

알맞아!

관계없어!

범위가 좁아!

보기

① 유적지　　　　　② 경기도 고양시　　　　③ 경주

④ 땅이 기름져　　　⑤ 호수 공원　　　　　⑥ 북한산성, 행주산성

⑦ 내 친구　　　　　⑧ 내가 사는 곳을 친구에게 알려 주고 싶어서

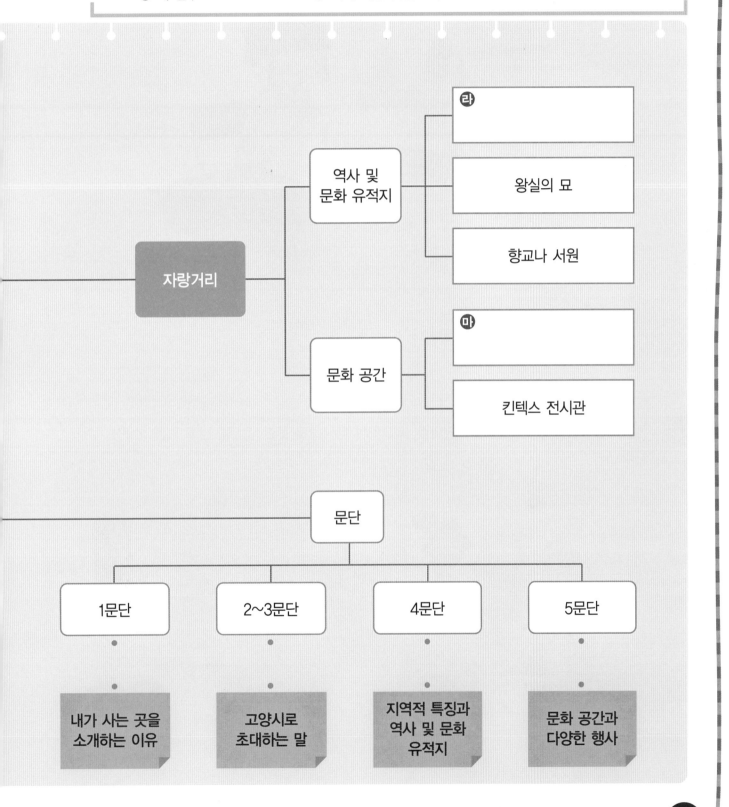

1 다음은 자신이 살고 있는 곳을 소개하는 편지글을 쓰는 장면입니다. 이때 글 쓴이는 어떤 마음이 들었을지 알맞은 말을 골라 ○표 해 보세요.

창피하다. ☐   심심하다. ☐   자랑스럽다. ☐   안타깝다. ☐

2 다음은 앞의 글을 읽은 친구들의 대화입니다. 가장 타당하지 <u>못한</u> 의견을 내고 있는 친구는 누구 인가요?

① 글쓴이는 자신이 사는 동네 를 자랑스럽게 생각하고 있 어.

② 글쓴이는 친구에게 자신이 살고 있는 동네를 소개 하기 위해 글을 썼어.

③ 글쓴이가 사는 동네는 문화 유산이 많은 것 같아.

④ 글쓴이는 동네를 소개해 달라는 친구의 부탁을 받고 이 글을 썼어.

오늘 읽어 볼 글입니다. 차근차근 잘 읽고, 문제를 풀어 보세요.

지금은 흔하지 않지만 예전에는 장독대에 가지런히 놓여 있는 옹기들을 어렵지 않게 볼 수 있었다. 옹기는 질그릇과 오지그릇을 통틀어 이르는 말이다. 질그릇은 진흙만으로 만들어 구워 낸 그릇이고, 오지그릇은 질그릇에 잿물을 입혀 구운 그릇인데, 보통 옹기라고 한다. 옹기는 신석기 시대에 토기가 처음 만들어진 뒤부터 오랜 세월을 우리 조상들과 함께해 왔다.

옹기는 주로 곡식을 저장하거나 간장, 된장, 고추장 등을 담는 장독으로도 쓰였다. 또한 뚝배기, 기와, 등잔, 술병 등 필수적인 생활 도구로도 널리 사랑받았다.

옹기를 빚는 진흙 안에 들어 있는 수많은 모래 알갱이는 그릇에 아주 작은 공기구멍을 만들어 낸다. 이 공기구멍으로 옹기의 안과 밖의 공기가 통하여, 음식물을 잘 익게 하고 오랜 기간 보존할 수 있다.

이러한 옹기는 주로 볼록한 모양을 하고 있다. 옹기가 볼록한 까닭은 보기에 아름답고, 만들기가 쉬우며 가마에 구울 때 변형이 적기 때문이다. 또한 태양열을 고르게 받을 수 있어 내부 온도를 일정하게 유지할 수 있으며, 온도 변화가 적어 음식을 발효시키고, 저장하기 쉽다.

옹기는 자연에 가까운 재료로 만들어져 우리 몸에 전혀 해가 없는 그릇이다. 이러한 점 때문에 옹기는 음식을 담는 그릇뿐만 아니라, 각종 실내 장식 소품으로도 새롭게 주목받고 있다.

❶ **주목** : 관심을 가지고 보는 것

글밥지도 그리기

다음은 앞에서 읽은 글의 내용을 한눈에 볼 수 있도록 정리한 글밥지도입니다. <u>보기</u> 에서 알맞은 말을 골라 빈칸을 채워 보세요. 그리고 글에 알맞은 제목과 글의 짜임 을 찾아 선으로 연결해 보세요.

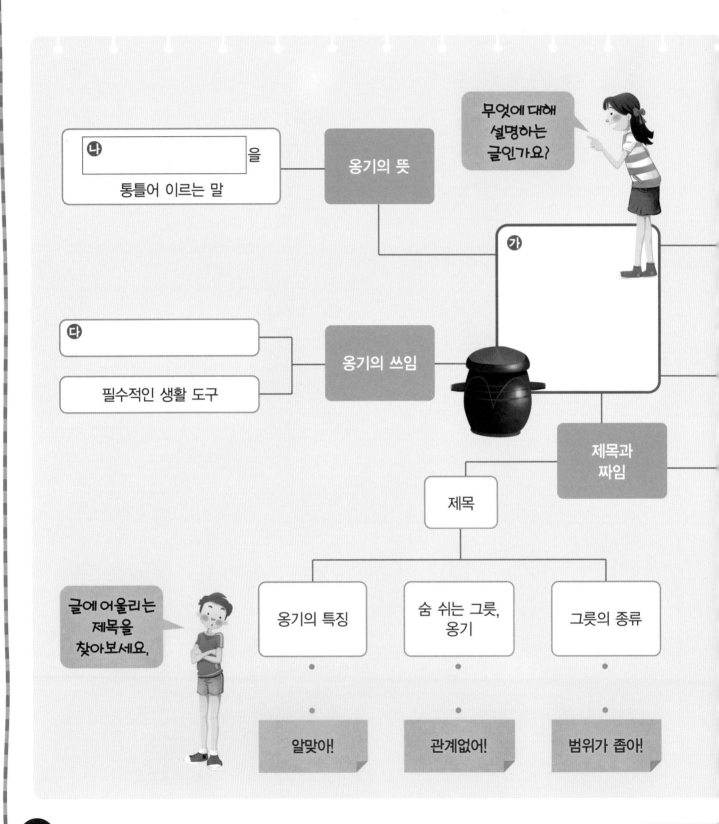

무엇에 대해 설명하는 글인가요?

나 [   ] 을 통틀어 이르는 말 ─ 옹기의 뜻

가

다 [   ]
필수적인 생활 도구 ─ 옹기의 쓰임

제목과 짜임

제목

글에 어울리는 제목을 찾아보세요,

| 옹기의 특징 | 숨 쉬는 그릇, 옹기 | 그릇의 종류 |

알맞아! | 관계없어! | 범위가 좁아!

66

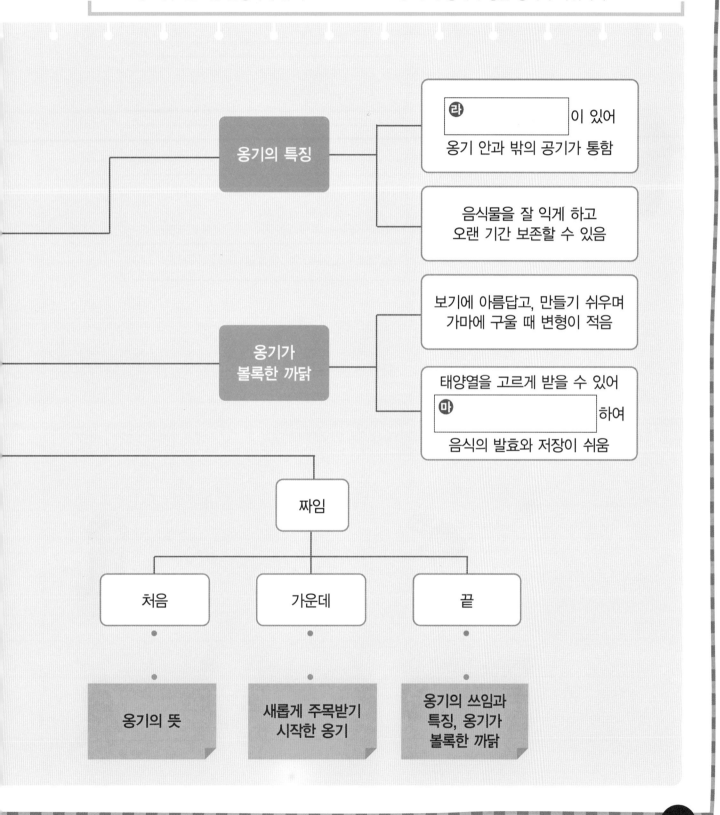

옹기의 특징

　（라）　이 있어
옹기 안과 밖의 공기가 통함

음식물을 잘 익게 하고
오랜 기간 보존할 수 있음

옹기가
볼록한 까닭

보기에 아름답고, 만들기 쉬우며
가마에 구울 때 변형이 적음

태양열을 고르게 받을 수 있어
　（마）　하여
음식의 발효와 저장이 쉬움

짜임

처음　　가운데　　끝

옹기의 뜻

새롭게 주목받기
시작한 옹기

옹기의 쓰임과
특징, 옹기가
볼록한 까닭

1 다음은 앞에서 읽은 글로 알 수 있는 옹기의 특징입니다. 옹기의 특징으로 바르지 <u>않은</u> 것을 모두 골라 ∨표 해 보세요.

① 절대 깨지지 않는다. ☐

② 온도 변화가 적어 음식을 발효시키고 저장하기 쉽다. ☐

③ 가볍고 실용적이다. ☐

④ 아주 작은 공기구멍으로 옹기의 안과 밖의 공기가 통한다. ☐

⑤ 자연에 가까운 재료로 만들어진다. ☐

2 다음은 앞의 글을 읽은 친구들의 대화입니다. 가장 타당하지 <u>못한</u> 의견을 내고 있는 친구는 누구인가요?

① 흙으로 만든 그릇인 옹기를 실내 장식 소품으로 쓰면 포근하고 아늑한 느낌이 날 것 같아.

② 옹기는 몸에 전혀 해가 없는 자연에 가까운 그릇이니까 앞으로 자주 써야지.

③ 옹기의 쓰임이 이렇게 다양한 줄 몰랐어.

④ 옹기는 값이 너무 비싸 구입하기에 부담스러워 잘 쓰지 않는 거야.

 오늘 읽어 볼 글입니다. 차근차근 잘 읽고, 문제를 풀어 보세요.

어느 날, 숲 속에서 사냥꾼에게 쫓겨 죽을힘을 다해 도망을 치던 늑대가 양을 치고 있던 목동을 만났습니다. 늑대는 겁에 질려 떨면서 목동에게 말하였습니다.

"만약 사냥꾼이 이쪽으로 오면 제가 가는 길을 가르쳐 주지 마세요. 부탁할게요."

"그래? 사냥꾼이 널 쫓아오고 있는 모양이구나. 내가 사냥꾼한테 네가 가는 곳의 반대쪽을 가르쳐 줄게. 너무 걱정하지 마."

목동은 음흉한 미소를 지으며 늑대에게 말했습니다.

"고맙습니다. 이 은혜는 정말 잊지 않을게요."

잠시 뒤, 사냥꾼이 허겁지겁 달려왔습니다.

"혹시 이쪽으로 늑대가 지나가지 않았니?"

"아, 그 다리 짧은 늑대요? 방금 지나가는 걸 봤어요."

"그래? 어디로 도망갔는지 보았니?"

목동은 입으로는 늑대가 간 반대쪽을 이야기하면서 눈짓으로는 방금 늑대가 간 쪽을 가리켰습니다. 하지만 사냥꾼은 이를 눈치채지 못하고, 목동이 말한 쪽으로 달려갔습니다. 사냥꾼이 사라지자 목동은 늑대에게 나오라고 소리쳤습니다.

"내 덕분에 목숨을 구했으니, 보답을 해야 하지 않겠니?"

늑대는 목동의 행동을 모두 지켜보고 있었습니다. 사냥꾼이 목동의 행동을 눈치채지 못한 것뿐이지, 사실은 자기가 도망친 쪽을 가르쳐 주려 했다는 것을 알고 있었던 것입니다. 늑대는 목동에게 말하였습니다.

"당신의 입은 고맙지만, 당신의 눈은 하나도 고맙지 않아요."

글밥지도
그리기

다음은 앞에서 읽은 글의 내용을 한눈에 볼 수 있도록 정리한 글밥지도입니다. 보기
에서 알맞은 말을 골라 빈칸을 채워 보세요. 그리고 글에 알맞은 제목과 이야기의
순서를 찾아 선으로 연결해 보세요.

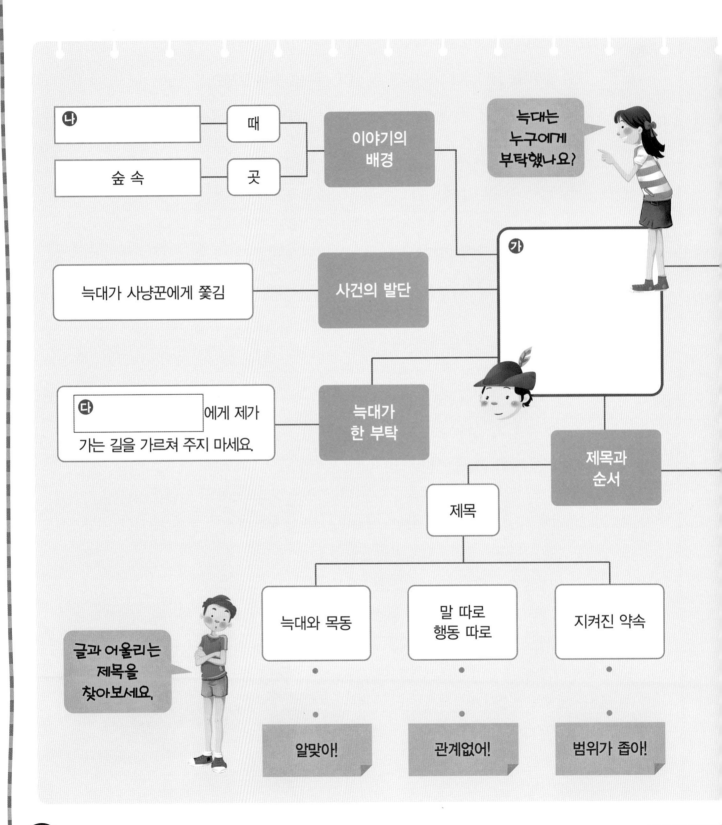

보기

① 눈치가 없음　　　② 눈치가 빠름　　　③ 약속을 지키지 않음

④ 목동　　　　　　　⑤ 사냥꾼　　　　　　⑥ 농부

⑦ 게으르고 어리석음　⑧ 어느 날

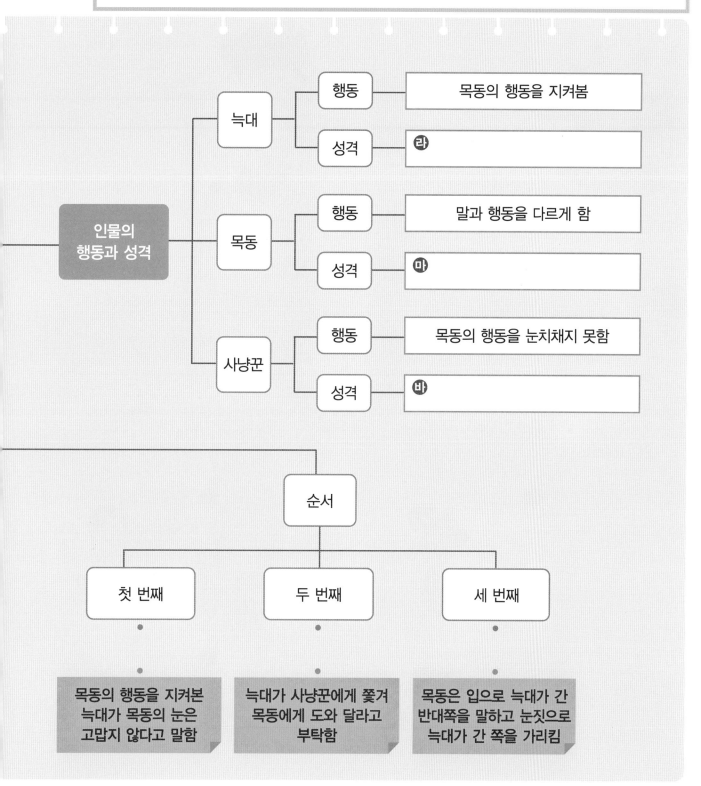

인물의 행동과 성격

- 늑대
  - 행동 — 목동의 행동을 지켜봄
  - 성격 — 라
- 목동
  - 행동 — 말과 행동을 다르게 함
  - 성격 — 마
- 사냥꾼
  - 행동 — 목동의 행동을 눈치채지 못함
  - 성격 — 바

순서

첫 번째	두 번째	세 번째
목동의 행동을 지켜본 늑대가 목동의 눈은 고맙지 않다고 말함	늑대가 사냥꾼에게 쫓겨 목동에게 도와 달라고 부탁함	목동은 입으로 늑대가 간 반대쪽을 말하고 눈짓으로 늑대가 간 쪽을 가리킴

1 다음은 앞에서 읽은 글에 등장하는 인물들의 대사입니다. 각각의 대사는 어떤 표정이나 목소리로 말해야 할까요? 보기 에서 골라 답해 보세요.

> 만약 사냥꾼이 이쪽으로 오면 제가 간 길을 가르쳐 주지 마세요, 부탁할게요.

> 아, 그 다리 짧은 늑대요? 방금 저쪽으로 갔는걸요.

① [ ] ② [ ]

 보기

| 간절하게 떨리는 목소리로 | 눈짓으로 늑대가 간 쪽을 가리키며 |
| 즐겁고 명랑한 목소리로 | 눈짓으로 늑대가 간 반대쪽을 가리키며 |

2 다음은 앞의 글을 읽은 친구들의 대화입니다. 가장 타당하지 <u>못한</u> 의견을 내고 있는 친구는 누구인가요?

① 목동은 한 입으로 두말하는 사람이라 믿을 수 없어.

② 목동에게 들어주지 못할 부탁을 한 늑대에게 모든 잘못이 있어.

③ 목동은 지키지 못할 약속이라면 차라리 처음부터 하지 말았어야 해.

④ 목동의 행동을 눈치챈 늑대는 목동이 원망스러웠을 거야.

 오늘 읽어 볼 글입니다. 차근차근 잘 읽고, 문제를 풀어 보세요.

윷놀이는 네 개의 윷을 던져서 네 개의 말을 움직여 노는 민속놀이로, '척사' 또는 '척사희'라고 한다. 윷놀이는 중국의 저프 또는 격양 놀이, 몽골의 살한이라는 놀이가 전래되어 우리 것으로 변형되었다고도 하고, 사람들이 윷으로 그해 농사의 풍흉을 점치던 고대 농경 시대의 풍속에서 비롯된 것이라고도 한다.

윷놀이를 하기 위해서는 윷, 말, 말판 등이 필요하다. 모든 준비가 끝나면 사람들이 차례로 윷가락 네 개를 들어 방석 위에 던진다. 그리고 그 결과대로 윷판 위에 말을 놓고 움직이게 된다. 이때 도가 나오면 말판 눈금의 한 칸을 가고, 개가 나오면 두 칸, 걸이 나오면 세 칸, 윷이 나오면 네 칸, 모가 나오면 다섯 칸을 간다. 또 윷이나 모가 나온 경우와 다른 사람의 말을 잡은 경우에는 윷을 한 번 더 던질 수 있다. 모든 말을 윷판의 길을 돌아서 먼저 시작점으로 돌아오게 하는 사람이 이긴다.

윷가락을 던져서 나온 결과를 사위라고 하는데 네 개가 다 엎어진 것은 '모', 네 개가 다 잦혀진 것은 '윷', 한 개가 잦혀지고 세 개가 엎어진 것은 '도', 두 개가 엎어지고 두 개가 잦혀진 것은 '개', 한 개가 엎어지고 세 개가 잦혀진 것은 '걸'이라고 한다. 도, 개, 걸, 윷, 모는 가축의 이름을 본떠 지은 것으로 도는 돼지, 개는 개, 걸은 양, 윷은 소, 모는 말을 가리킨다.

예부터 전해 오는 민속놀이를 즐기다 보면 놀이에 담긴 조상의 지혜와 정서를 추측할 수 있고, 친구들과 함께하는 놀이의 즐거움도 느낄 수 있다.

글밥지도
그리기

다음은 앞에서 읽은 글의 내용을 한눈에 볼 수 있도록 정리한 글밥지도입니다. 보기 에서 알맞은 말을 골라 빈칸을 채워 보세요. 그리고 글에 알맞은 제목과 각 문단의 내용을 찾아 선으로 연결해 보세요.

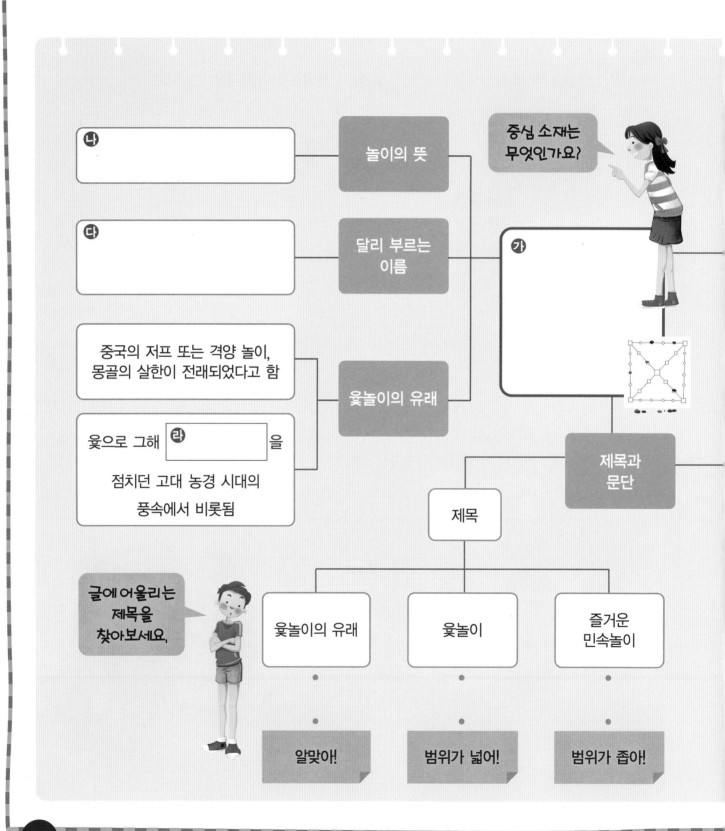

나

다

중국의 저프 또는 격양 놀이, 몽골의 살한이 전래되었다고 함

윷으로 그해 라 ___ 을 점치던 고대 농경 시대의 풍속에서 비롯됨

놀이의 뜻

달리 부르는 이름

윷놀이의 유래

중심 소재는 무엇인가요?

가

제목과 문단

제목

글에 어울리는 제목을 찾아보세요.

윷놀이의 유래

윷놀이

즐거운 민속놀이

알맞아!

범위가 넓어!

범위가 좁아!

74

보기

❶ '척사' 또는 '척사희' 　　❷ 네 개의 윷을 던져서 네 개의 말을 움직여 노는 민속놀이
❸ 윷놀이 　　❹ 필요한 도구 　　❺ 가축의 이름
❻ 윷, 말, 말판 　　❼ 농사의 풍흉 　　❽ 윷놀이의 유래

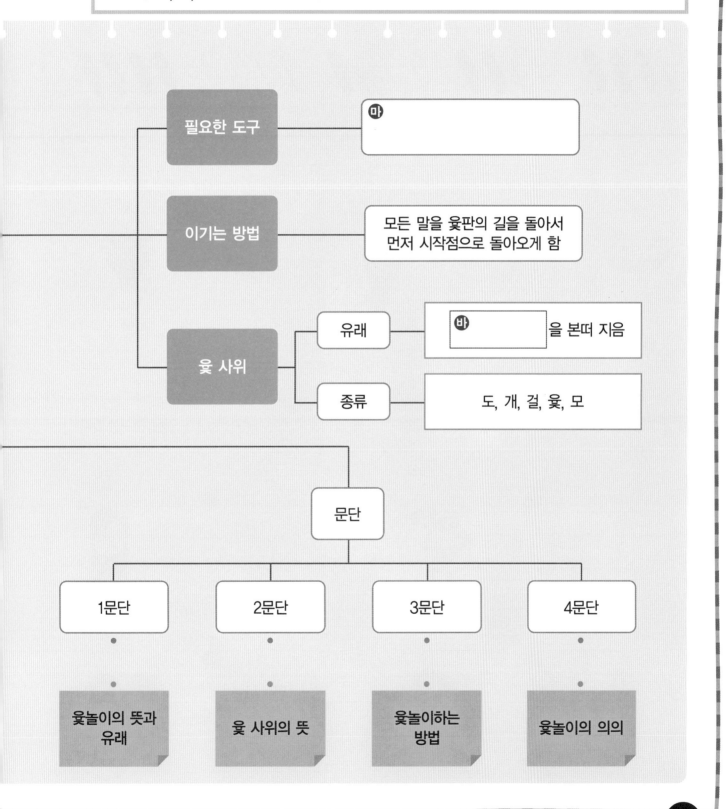

필요한 도구 ── 마

이기는 방법 ── 모든 말을 윷판의 길을 돌아서 먼저 시작점으로 돌아오게 함

윷 사위 ── 유래 ── 바 을 본떠 지음
윷 사위 ── 종류 ── 도, 개, 걸, 윷, 모

문단
1문단 ── 윷놀이의 뜻과 유래
2문단 ── 윷 사위의 뜻
3문단 ── 윷놀이하는 방법
4문단 ── 윷놀이의 의의

1 다음은 도, 개, 걸, 윷, 모의 각 사위의 모습을 나타낸 그림입니다. 각각의 윷 사위가 어떤 동물을 의미하는지 선으로 연결해 보세요.

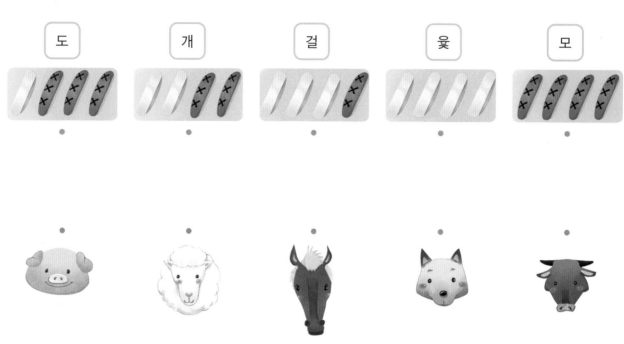

| 도 | 개 | 걸 | 윷 | 모 |

2 다음은 앞의 글을 읽은 친구들의 대화입니다. 가장 타당하지 <u>못한</u> 의견을 내고 있는 친구는 누구인가요?

① 윷놀이의 유래는 정확하게 알려진 게 없구나.

② 윷놀이는 농경 생활과 관계 깊은 놀이야.

③ 도, 개, 걸, 윷, 모가 가축의 이름을 본떠 지은 것이라니 정말 흥미로워.

④ 윷놀이가 지금은 행해지지 않는 민속놀이여서 안타까워.

오늘 읽어 볼 글입니다. 차근차근 잘 읽고, 문제를 풀어 보세요.

선사 시대에 대해 들어 본 적이 있나요? 우리가 사는 한반도에는 수십만 년 전부터 사람이 살고 있었어요. 하지만 선사 시대에는 글이 없었기 때문에 그 궁금증을 풀어 줄 만한 기록은 그 어디에서도 찾아볼 수 없어요. 다만 여러 가지 유물과 유적을 통해 추측해 볼 수 있을 뿐이에요. 선사 시대 사람들이 남긴 유물과 유적을 한번 살펴볼까요?

지금으로부터 70만 년 전, 한반도에는 돌을 깨서 만든 뗀석기와 짐승의 뼈로 만든 골각기를 이용하여 짐승을 사냥하거나 열매를 채집하며 사는 사람들이 있었어요. 바로 '구석기 시대' 사람들이에요. 이들은 주로 동굴에 살았는데, 불을 이용하여 요리를 하기도 했어요.

구석기 시대가 끝나고 한반도에는 '신석기 시대'가 열렸어요. 신석기 시대 사람들은 깨뜨린 돌조각을 그대로 사용하지 않고, 갈고 다듬어 간석기를 만들었어요. 또한 강가로 내려와 움집을 짓고 농사를 지으며 살았는데, 표면에 빗살로 점을 찍거나 선을 그린 빗살무늬 토기에 곡식을 저장하기도 했어요.

신석기 시대가 끝난 뒤 시작된 '청동기 시대' 사람들은 한곳에 마을을 이루어 모여 살면서 무늬가 없는 민무늬 토기를 사용했어요. 또한 농사의 기술도 더욱 발달했을 뿐만 아니라 닭, 돼지, 소와 말 등을 길렀어요. 또한 청동으로 만든 무기를 사용하게 되면서 부와 권력을 가진 군장이 등장했어요. 군장의 무덤인 고인돌과 일종의 비석인 선돌의 크기를 통해 무덤 주인의 권력을 짐작할 수 있어요.

이처럼 다양한 선사 시대의 유물과 유적은 그 시대 사람들의 생활을 알려 주는 중요한 문화유산이에요.

❶ **군장** : 원시 부족 사회의 우두머리

글밥지도 그리기

다음은 앞에서 읽은 글의 내용을 한눈에 볼 수 있도록 정리한 글밥지도입니다. 보기 에서 알맞은 말을 골라 빈칸을 채워 보세요. 그리고 글에 알맞은 제목과 각 문단의 내용을 찾아 선으로 연결해 보세요.

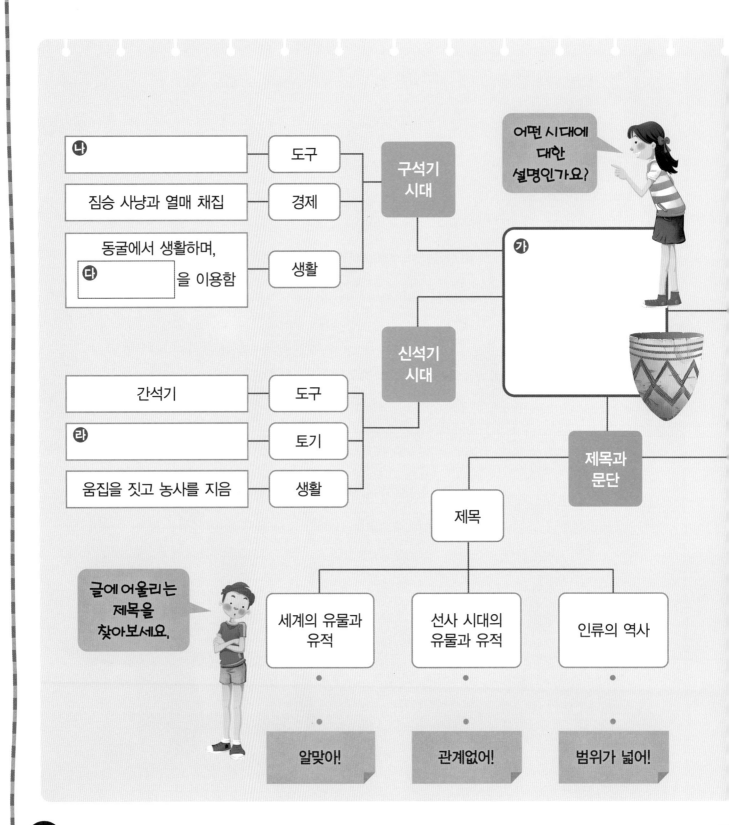

어떤 시대에 대한 설명인가요?

나	— 도구
짐승 사냥과 열매 채집	— 경제
동굴에서 생활하며, 다 □ 을 이용함	— 생활

구석기 시대

가

간석기	— 도구
라	— 토기
움집을 짓고 농사를 지음	— 생활

신석기 시대

제목과 문단

제목

글에 어울리는 제목을 찾아보세요.

세계의 유물과 유적

선사 시대의 유물과 유적

인류의 역사

알맞아!

관계없어!

범위가 넓어!

보기

① 선사 시대　　　　② 민무늬 토기　　　　③ 고려 시대
④ 뗀석기와 골각기　　⑤ 군장　　　　　　　⑥ 고인돌
⑦ 불　　　　　　　　⑧ 빗살무늬 토기

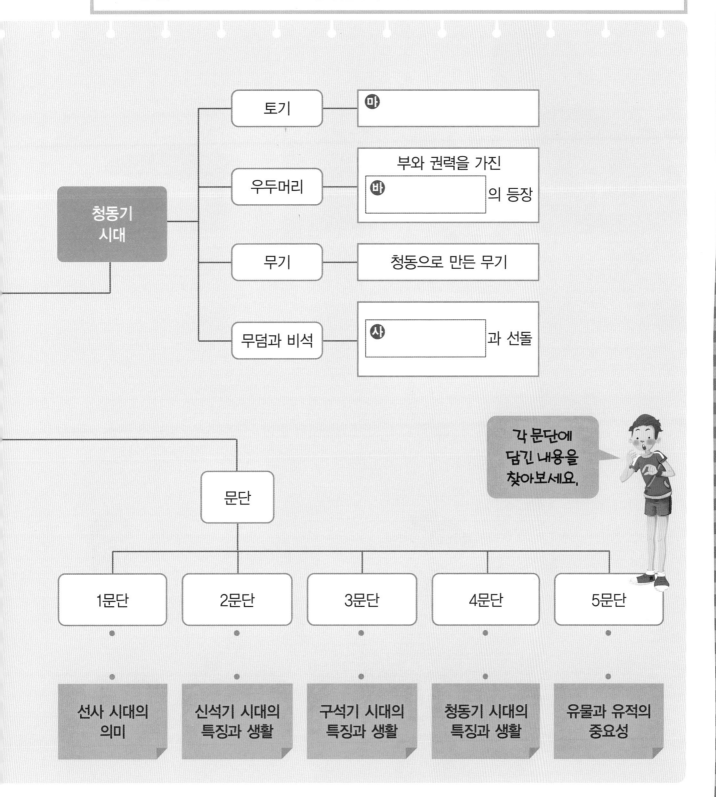

청동기
시대

토기 ── 마

우두머리 ── 부와 권력을 가진
　　　　　　바　　　　　　의 등장

무기 ── 청동으로 만든 무기

무덤과 비석 ── 사　　　　　　과 선돌

각 문단에
담긴 내용을
찾아보세요.

문단

1문단　　2문단　　3문단　　4문단　　5문단

선사 시대의
의미

신석기 시대의
특징과 생활

구석기 시대의
특징과 생활

청동기 시대의
특징과 생활

유물과 유적의
중요성

1 다음은 앞에서 읽은 글에 나오는 선사 시대의 모습을 그림으로 나타낸 것입니다. 각각 어느 시대와 관련이 있는지 보기에서 골라 답해 보세요.

① ② ③

보기

신석기 시대   구석기 시대   청동기 시대

2 다음은 앞의 글을 읽은 친구들의 대화입니다. 가장 타당하지 <u>못한</u> 의견을 내고 있는 친구는 누구인가요?

① 신석기 시대부터 청동으로 만든 무기를 사용하기 시작하였어.

② 선사 시대의 역사는 발견되는 유물이나 유적으로 짐작할 수밖에 없구나.

③ 수십만 년 전부터 한반도에 사람이 살았다니 신기해.

④ 사용하는 도구가 발전할수록 문화나 생활 모습도 발전하기 시작했어.

오늘 읽어 볼 글입니다. 차근차근 잘 읽고, 문제를 풀어 보세요.

최근 농산물의 수입이 크게 늘어나면서 우리 농촌이 고통받고 있다.

사람들이 수입 농산물을 애용하는 가장 큰 이유는 가격이 싸기 때문이다. 따라서 우리 농산물의 가격을 낮추기 위한 직거래 장터를 활성화하고, 원산지를 표시하지 않은 농산물을 집중 단속해야 한다. 수입 농산물을 우리 것으로 속여 파는 일이 자주 일어나다 보면 우리 농산물에 대한 믿음이 줄어들기 때문이다.

하지만 다행히 몇 년 전부터 '자신이 살고 있는 땅에서 난 농산물이 자신의 몸에 가장 좋다.'는 뜻의 신토불이 운동이 일어났다. 이 운동 덕분에 사람들이 수입 농산물보다 우리 농산물을 더 질 좋은 것으로 생각하게 되어 우리 농산물을 애용하는 사람들의 수가 점차 늘어났다. 우리가 우리 농산물을 애용해야 하는 가장 큰 이유는 역시 '건강'이다. 수입 농산물은 이동되는 동안 변질을 막기 위해 농약이나 방부제 등 몸에 해로운 물질을 첨가하여 건강에 해를 끼칠 수 있다. 반면 우리 농산물은 유통 기한이 짧으며, 수입 농산물에 비해 방부제 등 해로운 물질이 첨가되지 않아 믿고 먹을 수 있다. 또한 수입 농산물보다 우리 농산물이 우리 몸에 잘 맞아 소화도 잘 되고, 몸에도 좋다.

우리 농산물을 애용하기 위해서는 현명한 소비를 해야 한다. 먼저 우리 농산물 판매 전문 인터넷 사이트 등을 이용해 식품 재료를 구입한다. 그리고 원산지 표시를 반드시 확인해야 한다.

다음은 앞에서 읽은 글의 내용을 한눈에 볼 수 있도록 정리한 글밥지도입니다. 보기에서 알맞은 말을 골라 빈칸을 채워 보세요. 그리고 글에 알맞은 제목과 각 문단의 내용을 찾아 선으로 연결해 보세요.

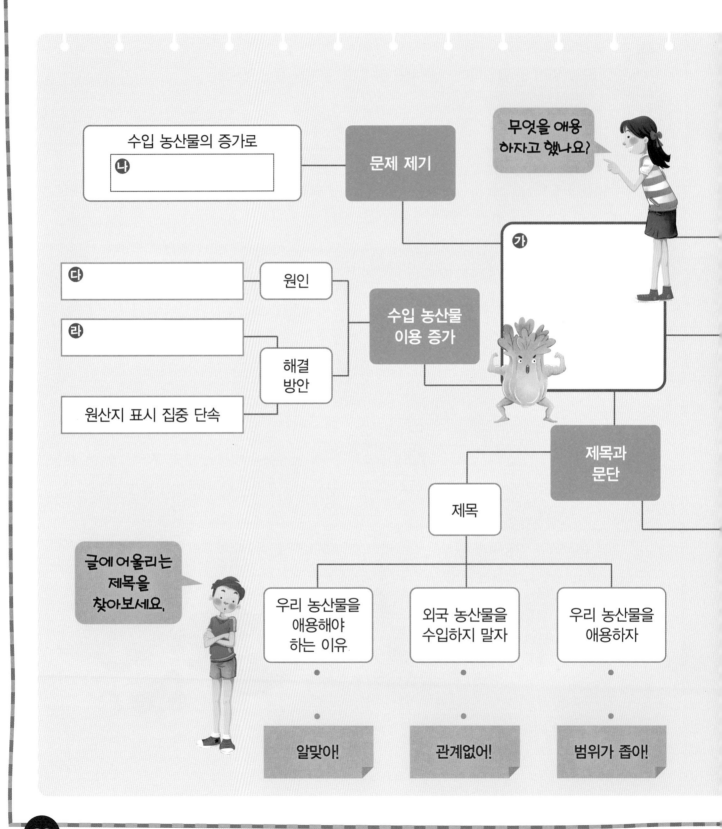

글밥지도 그리기

수입 농산물의 증가로
나

문제 제기

무엇을 애용하자고 했나요?

가

다

원인

라

해결
방안

수입 농산물
이용 증가

원산지 표시 집중 단속

제목과
문단

제목

글에 어울리는 제목을 찾아보세요.

우리 농산물을
애용해야
하는 이유

외국 농산물을
수입하지 말자

우리 농산물을
애용하자

알맞아!

관계없어!

범위가 좁아!

보기

① 가격이 싸기 때문에　　② 직거래 장터 활성화　　③ 농촌이 고통받고 있음

④ 수입 농산물　　⑤ 해로운 물질이 첨가됨　　⑥ 우리 몸에 잘 맞음

⑦ 우리 농산물　　⑧ 원산지 표시 확인

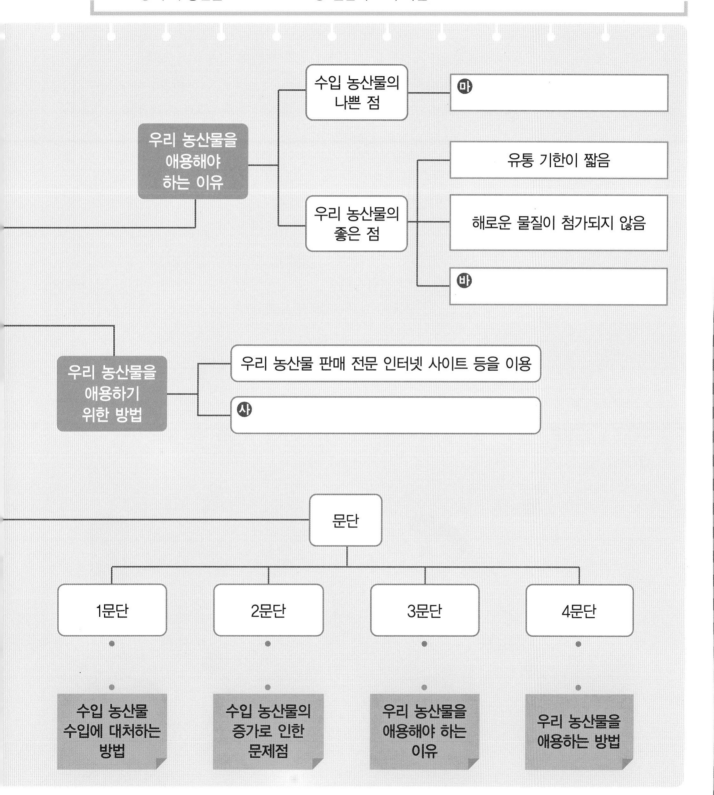

우리 농산물을 애용해야 하는 이유

수입 농산물의 나쁜 점 → ㉮

우리 농산물의 좋은 점 → 유통 기한이 짧음 / 해로운 물질이 첨가되지 않음 / ㉯

우리 농산물을 애용하기 위한 방법 → 우리 농산물 판매 전문 인터넷 사이트 등을 이용 / ㉰

문단

1문단 → 수입 농산물 수입에 대처하는 방법

2문단 → 수입 농산물의 증가로 인한 문제점

3문단 → 우리 농산물을 애용해야 하는 이유

4문단 → 우리 농산물을 애용하는 방법

1 다음은 앞에서 읽은 글에서 제기한 문제와 주장을 정리한 것입니다. 글쓴이가 어떤 주장을 내세웠을지 적고, 그 주장을 뒷받침하는 근거로 바르지 <u>않은</u> 것을 골라 ∨표 해 보세요.

문제 제기	농산물의 수입이 크게 늘어나면서 우리 농촌이 고통받고 있다.
주장	㉮
근거	① 수입 농산물에는 해로운 물질이 첨가되어 있다. ☐
	② 우리 농산물에는 해로운 물질이 첨가되어 있지 않다. ☐
	③ 우리 농산물이 더 저렴하다. ☐
	④ 우리 농산물이 우리 몸에 더 잘 맞는다. ☐

2 다음은 앞의 글을 읽은 친구들의 대화입니다. 가장 타당하지 <u>못한</u> 의견을 내고 있는 친구는 누구인가요?

① 수입 농산물에 대한 정보를 소비자에게 정확하게 제공하는 것도 중요해.

② 무엇보다 수입 농산물을 대하는 소비자의 자세가 중요하다고 생각해.

③ 외국 농산물 수입이 무조건 나쁜 건 아니라고 생각해. 좋은 점도 있을 거야.

④ 우리나라 사람들은 모두 무조건 우리 땅에서 나는 농산물을 먹어야 해.

오늘 읽어 볼 내용입니다. 차근차근 잘 읽고, 문제를 풀어 보세요.

어느 날, 배고픈 까마귀가 치즈 조각을 보았어요. 까마귀는 아래로 내려가 재빠르게 치즈 조각을 발로 낚아챘어요. 그리고 유유히 날아 나뭇가지 위에 올라앉았어요.

그런데 그곳을 지나가던 여우가 까마귀가 입에 물고 있는 고소한 치즈 냄새를 맡고는 군침을 꿀꺽 삼켰어요.

잠시 생각에 잠겼던 여우는 나무 밑으로 와 까마귀를 보며 말했어요.

"제 평생 당신처럼 아름다운 까마귀는 처음 보았어요. 독수리보다 멋진 날개에다 부드러운 깃털, 게다가 발톱은 면도날보다 더 날카롭군요. 아마 목소리도 그 멋진 외모와 마찬가지로 곱고 감미롭겠지요? 만일 그렇다면 '새의 여왕'이라고 불릴 자격이 충분합니다. 감미로운 목소리로 노래를 한 가락 불러 주실 수는 없을까요?"

평소 다른 동물들에게 너무 듣기 싫은 목소리를 가졌다며 놀림을 당하던 까마귀는 난생 처음 들어 보는 칭찬에 어깨가 으쓱해졌어요. 기분이 좋아진 까마귀는 자신의 멋진 목소리를 여우에게 들려주어야겠다고 생각했어요.

"까아악!"

까마귀가 노래를 부르려고 입을 열자, 그만 치즈 조각이 나무 아래로 떨어졌어요.

여우는 떨어진 치즈 조각을 한입에 먹어 치우고는 이렇게 말했어요.

"고마워요, 까마귀님! 정말 좋은 목소리를 가지셨어요. 그러나 완벽하신 까마귀님에게 단 한 가지 부족한 점이 있다면 그 어리석은 머리 같네요."

다음은 앞에서 읽은 글의 내용을 한눈에 볼 수 있도록 정리한 글밥지도입니다. 보기 에서 알맞은 말을 골라 빈칸을 채워 보세요. 그리고 글에 알맞은 제목과 이야기의 순서를 찾아 선으로 연결해 보세요.

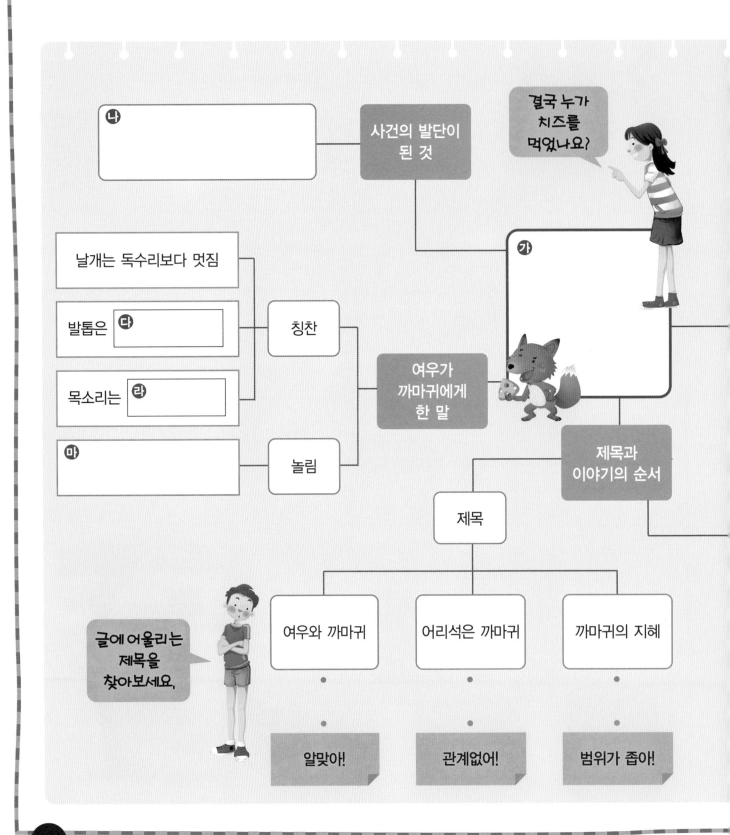

보기
① 여우   ② 판단력이 부족함   ③ 여우와 까마귀
④ 곱고 감미로움   ⑤ 꾀가 많음   ⑥ 치즈 조각
⑦ 머리는 어리석음   ⑧ 면도날보다 날카로움

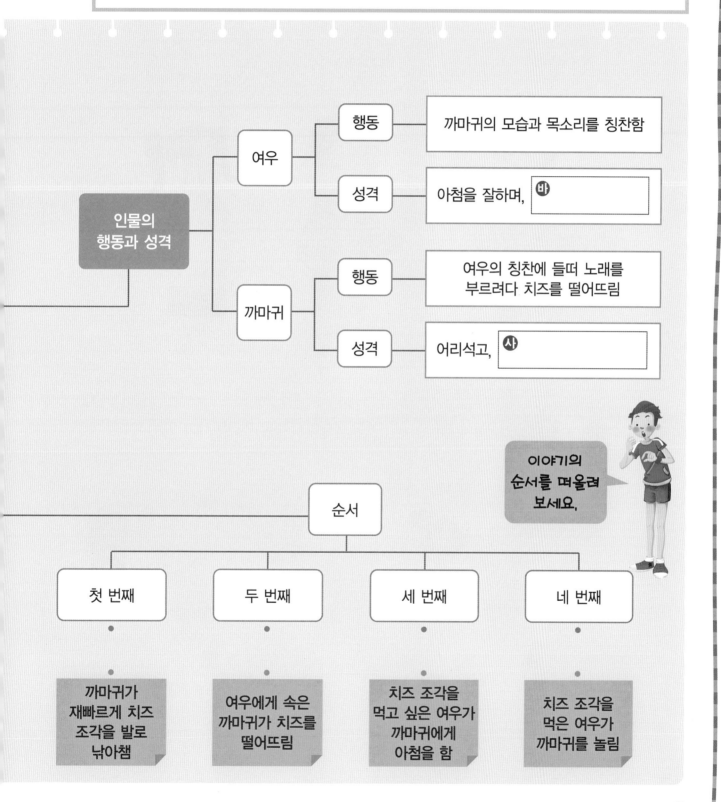

87

1 다음은 까마귀가 여우의 말에 속아 손해를 본 것과 비슷한 경험을 이야기하고 있는 친구들의 대화입니다. 가장 바르게 말한 친구는 누구인가요?

저지방, 저칼로리 식품이라는 말에 속아 빵을 잔뜩 산 경험이 있어.

동환

잘 어울린다는 점원의 말에 옷을 충동구매 하고 후회한 적이 있어.

재국

미리미리 준비를 하지 않았다가 어머니께 꾸중을 들은 경험이 있어.

세현

2 다음은 앞의 글을 읽은 친구들의 대화입니다. 가장 타당하지 <u>못한</u> 의견을 내고 있는 친구는 누구 인가요?

① 다른 사람이 하는 말을 의심해서는 안 돼. 그 사람의 진심을 순수하게 받아들여야 해.

② 사람들 중에도 아첨을 하여 다른 사람들에게 피해를 주는 경우가 있어.

③ 이 이야기를 읽으니까 거북의 말에 속아 용궁으로 가서 목숨을 잃을 뻔한 토끼가 생각나.

④ 여우는 치즈가 먹고 싶어서 까마귀에게 마음에도 없는 말을 하였어.

오늘 읽어 볼 글입니다. 차근차근 잘 읽고, 문제를 풀어 보세요.

　　어떤 나라의 문화를 이해하기 위해서는 그 나라의 종교가 무엇인지 아는 것이 중요합니다. 세계 여러 나라의 사람들은 따로 떨어져 살았기 때문에 각자의 환경과 사용하는 말, 날씨의 영향을 받아 종교 또한 서로 다른 모습을 갖게 되었습니다. 실제로 유럽과 아메리카에는 그리스도교 즉 기독교가, 아시아에는 이슬람교와 불교가 만들어지고 퍼져 나갔습니다.

　　하나님을 믿는 기독교는 예수의 가르침에 따라 유대인의 종교인 유대교에서 나누어져 생겨났습니다. 예수는 약한 사람과 가난한 사람을 보살피며 사랑을 가장 중요한 사상으로 강조했습니다. 사랑을 실천하라는 예수의 말씀이 담긴 성경이 바로 기독교의 경전입니다.

　　불교는 지금으로부터 약 2,500년 전 인도의 왕자 석가모니가 만든 종교입니다. 석가모니는 욕심과 집착을 버리면 행복해질 수 있다고 강조했습니다. 또한 모든 생물은 죽으면 다시 태어나기 때문에 생명을 소중히 여겨야 한다고 가르쳤습니다. 이러한 석가모니와 그 제자들의 가르침을 엮은 것이 바로 불교의 경전, 불경입니다.

　　무함마드가 창시한 종교 이슬람교는 알라를 믿습니다. 무함마드가 죽고 나서 이슬람교를 믿는 사람들이 그의 가르침을 모아 만든 코란이 이슬람교의 경전입니다. 이슬람교는 몇몇 신자들 때문에 폭력의 종교로 오해받고 있기도 하지만, 대부분의 이슬람 신자들은 이슬람교를 평화의 종교라고 믿고 있습니다.

　　세계에는 앞에서 소개한 기독교, 불교, 이슬람교 외에 힌두교, 유대교, 토속 신앙 등 무수히 많은 종교들이 있습니다. 그리고 처음 생겨난 지역을 떠나 세계 곳곳으로 퍼져 나가고 있습니다.

글밥지도 그리기

다음은 앞에서 읽은 글의 내용을 한눈에 볼 수 있도록 정리한 글밥지도입니다. 보기 에서 알맞은 말을 골라 빈칸을 채워 보세요. 그리고 글에 알맞은 제목을 찾아 선으로 연결해 보세요.

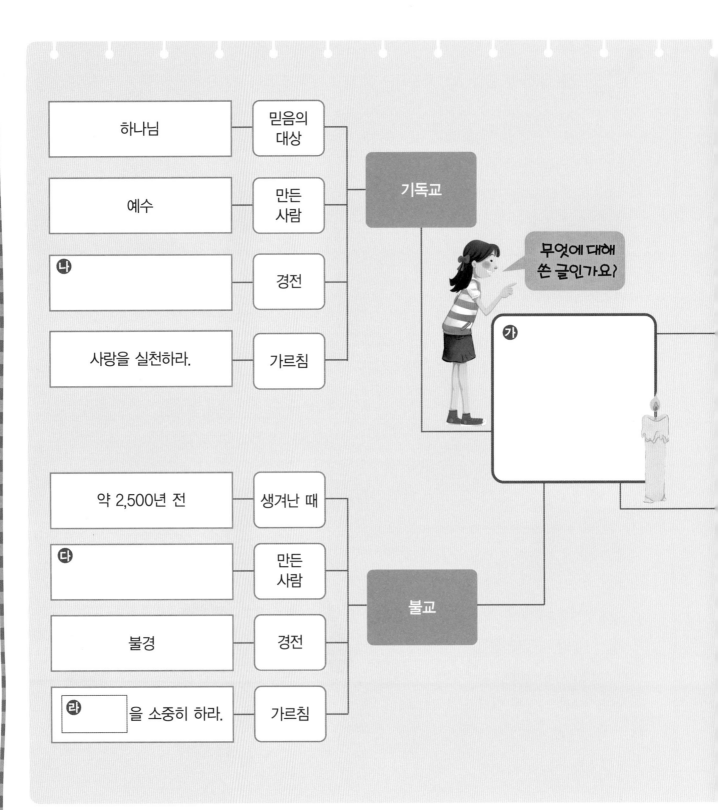

하나님	믿음의 대상	
예수	만든 사람	기독교
나	경전	
사랑을 실천하라.	가르침	

무엇에 대해 쓴 글인가요?

가

약 2,500년 전	생겨난 때	
다	만든 사람	불교
불경	경전	
라 ☐ 을 소중히 하라.	가르침	

보기

① 알라 ② 석가모니 ③ 성경

④ 생명 ⑤ 예수 ⑥ 코란

⑦ 세계의 종교 ⑧ 사랑

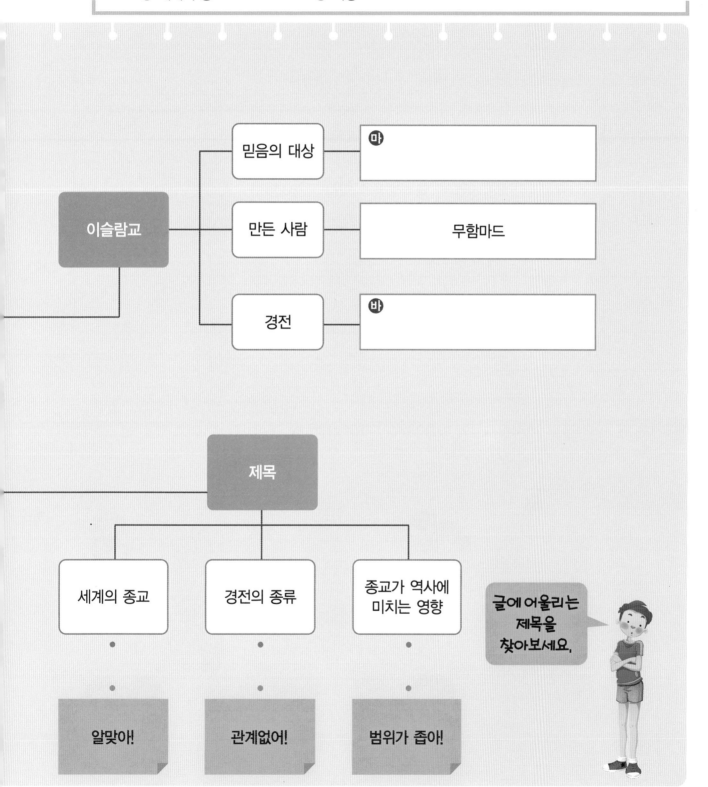

이슬람교

믿음의 대상 — 마

만든 사람 — 무함마드

경전 — 바

제목

세계의 종교

경전의 종류

종교가 역사에 미치는 영향

알맞아!

관계없어!

범위가 좁아!

글에 어울리는 제목을 찾아보세요.

91

1 다음은 앞에서 살펴본 각 종교의 특징을 정리한 것입니다. 바르지 <u>않은</u> 것을 골라 ∨표 해 보세요.

각 종교의 특징		
기독교	① 유대인의 종교인 유대교에서 나누어져 생겨났다.	☐
	② 코란에는 생명을 소중히 하라는 예수의 말씀이 담겨 있다.	☐
불교	③ 욕심과 집착을 버리면 행복해질 수 있다고 강조했다.	☐
	④ 약 2,500년 전 생겨났다.	☐
이슬람교	⑤ 몇몇 신자들 때문에 폭력의 종교로 오해받고 있다.	☐

2 다음은 앞의 글을 읽은 친구들의 대화입니다. 가장 타당하지 <u>못한</u> 의견을 내고 있는 친구는 누구인가요?

① 기독교, 불교, 이슬람교 말고도 다양한 종교가 있다니 자세히 알아보아야겠어.

② 종교가 환경, 언어, 날씨의 영향을 받기도 했다니 재미있어.

③ 유럽의 문화를 이해하려면 기독교에 대해 먼저 알아 두어야겠어.

④ 대부분의 종교가 처음 생겨난 지역에서만 믿어지고 있다니 안타까워.

 오늘 읽어 볼 글입니다. 차근차근 잘 읽고, 문제를 풀어 보세요.

풀숲을 지나다가 코브라 머리처럼 몸을 세우고 있는 곤충을 발견하였다. 사마귀였다. 막대기로 건드려 보았더니 긴 앞발을 머리 위로 쳐들고, 방어 자세를 취하였다. 사마귀의 생김새가 특이하여 자세히 관찰해 보기로 했다.

사마귀의 몸은 머리, 가슴, 배로 이루어져 있었다. 또 초록색이어서 풀숲에 숨어 있으면 찾기 어려울 것 같았다.

삼각형 모양의 머리 부분에는 한 쌍의 더듬이와 바늘로 콕 찍어 놓은 듯한 홑눈, 툭 튀어나온 투명한 겹눈이 있었다. 사마귀는 삼각형 모양의 머리를 앞뒤로 빙글빙글 돌리기도 하였는데, 그 모습이 매우 신기하였다.

몸의 길이는 7~8센티미터 정도이며, 가슴 부분에 있는 한 쌍의 긴 앞다리는 낫 모양으로 구부러져 있었다. 넓적다리와 종아리에 날카로운 가시 돌기가 많이 나 있어서 먹잇감을 도망가지 못하도록 붙잡기에 알맞게 생겼다. 배의 윗부분에는 두 쌍의 긴 다리가 있는데, 주로 움직일 때 사용하는 것 같았다.

등에는 두 쌍의 날개가 있는데, 앞날개는 얇고 그물 무늬가 있으며 뒷날개는 반투명이고 검은 갈색의 얼룩무늬가 있었다.

집에 돌아와 인터넷을 통해 사마귀에 대해 궁금한 점을 조사해 보았다. 그중에서 가장 흥미로운 점은 짝짓기를 마친 암컷이 수컷을 잡아먹는다는 것이었다. 이러한 행동은 수컷 자신의 몸을 희생하면서도 암컷에게 충분한 영양을 주어 건강한 알을 남기기 위한 것이라고 한다. 겉으로 보기에는 험악하고 징그럽게 생겼지만, 알을 생각하는 수컷 사마귀의 부성애가 놀랍다.

 **글밥지도 그리기** 다음은 앞에서 읽은 글의 내용을 한눈에 볼 수 있도록 정리한 글밥지도입니다. 보기 에서 알맞은 말을 골라 빈칸을 채워 보세요. 그리고 글에 알맞은 제목과 글의 짜임 을 찾아 선으로 연결해 보세요.

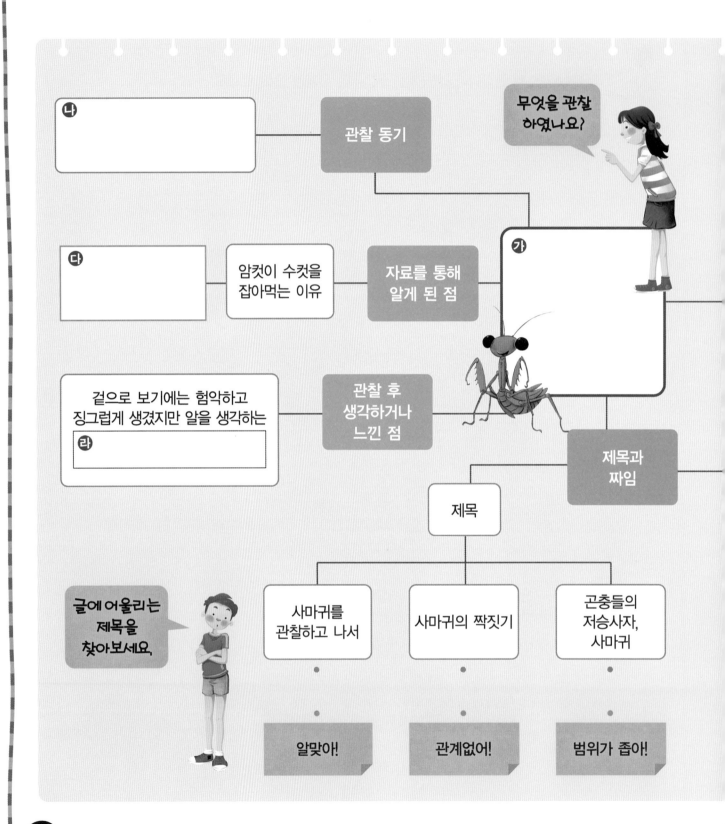

나

관찰 동기

무엇을 관찰 하였나요?

가

다

암컷이 수컷을 잡아먹는 이유

자료를 통해 알게 된 점

겉으로 보기에는 험악하고 징그럽게 생겼지만 알을 생각하는

라

관찰 후 생각하거나 느낀 점

제목과 짜임

제목

글에 어울리는 제목을 찾아보세요.

사마귀를 관찰하고 나서

사마귀의 짝짓기

곤충들의 저승사자, 사마귀

알맞아!

관계없어!

범위가 좁아!

① 삼각형 　② 건강한 알을 남기기 위해서 　③ 메뚜기
④ 가시 돌기 　⑤ 사마귀의 생김새가 특이해서
⑥ 낫 　⑦ 수컷 사마귀의 부성애가 놀랍다. 　⑧ 사마귀

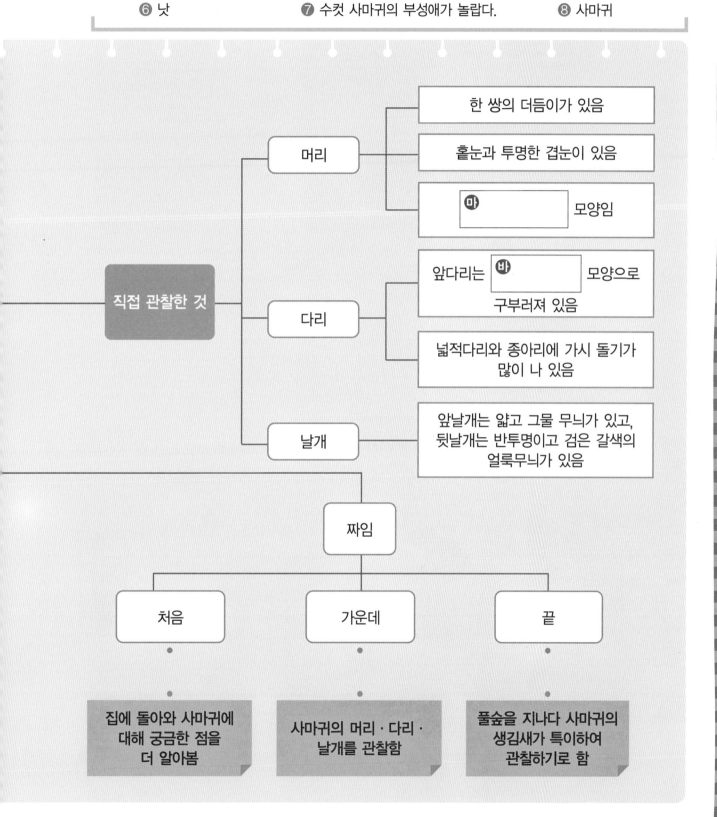

1 다음은 앞에서 읽은 관찰 기록문을 통해 알 수 있는 사마귀의 특징입니다. 사마귀의 특징으로 알맞은 것에는 ○표, 바르지 <u>않은</u> 것에는 ∨표 해 보세요.

① 홑눈과 겹눈을 가지고 있다. ☐

② 짝짓기를 마친 수컷이 암컷을 잡아먹는다. ☐

③ 초록색이라 숲에 숨으면 찾기 힘들다. ☐

④ 긴 뒷다리는 낫 모양으로 생겼다. ☐

⑤ 머리, 가슴, 배로 이루어진다. ☐

⑥ 가슴에 한 쌍, 배에 두 쌍의 다리가 있다. ☐

2 다음은 앞의 글을 읽은 친구들의 대화입니다. 가장 타당하지 <u>못한</u> 의견을 내고 있는 친구는 누구인가요?

① 짝짓기를 마친 암컷이 수컷을 잡아먹는다니 사마귀는 육식 곤충인가 봐.

② 사마귀는 주로 앞다리를 이용하여 먹이를 잡아.

③ 사마귀는 초록색인데 풀숲에 숨어 있으면 잘 보이지 않아.

④ 짝짓기를 마친 수컷이 암컷을 잡아먹는다니 정말 충격적이야.

꼼꼼히 집중하여 읽기

오늘 읽어 볼 글입니다. 차근차근 잘 읽고, 문제를 풀어 보세요.

학부모 공개 수업의 날 성황[1]

자녀들의 학교생활도 살펴보고, 선생님과 상담하는 시간도 가져

지난 5월 2일 우리 ○○초등학교는 공개 수업의 날 행사를 성황리에 마쳤다. 이날 오전 ○○초등학교 각 반 교실에서는 학부모들을 초대해 학생들의 평상시 수업 모습을 공개하여 학생들의 학습 태도를 관찰하는 기회를 마련하였다. 뿐만 아니라 학부모 특강을 마련해 자녀를 키우는 데 도움이 되는 정보를 학부모들에게 제공하여 큰 호응을 얻었다.

이번 공개 수업은 많은 학부모가 참석하여 학생들의 수업 모습 및 학습 태도를 관찰하는 것 뿐 아니라, 자녀들의 궁금했던 학교생활을 담임 선생님과 상담하는 시간을 가졌다.

학생들은 부모님께서 수업을 보러 오신다는 설레는 마음에 평소 때보다 훨씬 점잖고 진지한 모습이었다. 그리고 모두 자신이 공부하는 모습을 보여 주는 것을 기쁘게 생각하는 것 같았다.

공개 수업에 참석한 강민재 어머니는 "모든 선생님이 하나 되어 학생들과 함께 아름답고 즐거운 학교를 만드는 일에 노력하고 있는 모습을 살펴볼 수 있었으며, 앞으로도 선생님과 학부모와 학생들이 소통할 수 있는 기회가 더 많았으면 좋겠다."라고 말했다.

❶ **성황** : 모임 따위에 사람이 많이 모여 활기에 찬 분위기

다음은 앞에서 읽은 글의 내용을 한눈에 볼 수 있도록 정리한 글밥지도입니다. 보기 에서 알맞은 말을 골라 빈칸을 채워 보세요. 그리고 알맞은 본문의 내용을 찾아 선 으로 연결해 보세요.

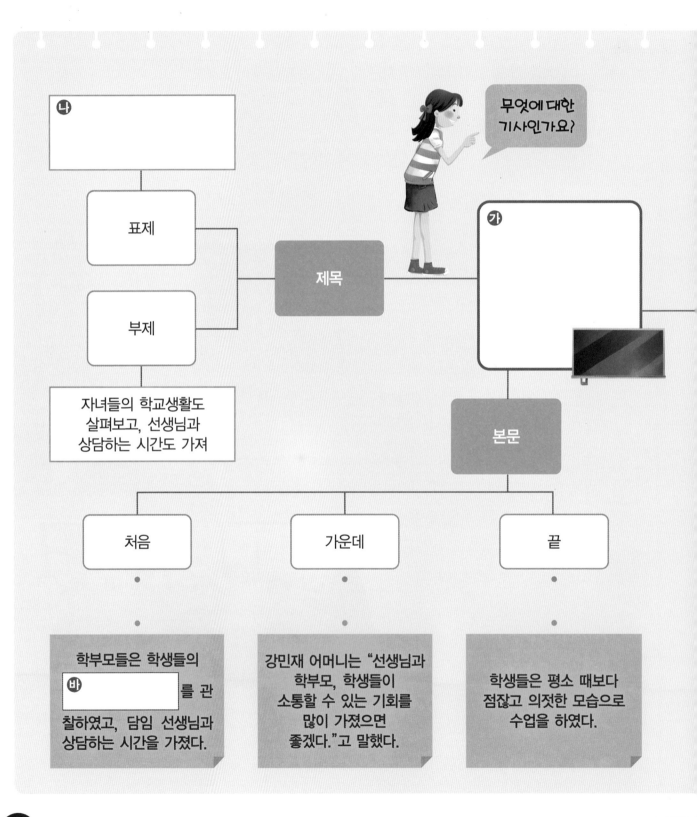

나

표제

부제

제목

무엇에 대한 기사인가요?

가

자녀들의 학교생활도 살펴보고, 선생님과 상담하는 시간도 가져

본문

처음

가운데

끝

학부모들은 학생들의 바 를 관찰하였고, 담임 선생님과 상담하는 시간을 가졌다.

강민재 어머니는 "선생님과 학부모, 학생들이 소통할 수 있는 기회를 많이 가졌으면 좋겠다."고 말했다.

학생들은 평소 때보다 점잖고 의젓한 모습으로 수업을 하였다.

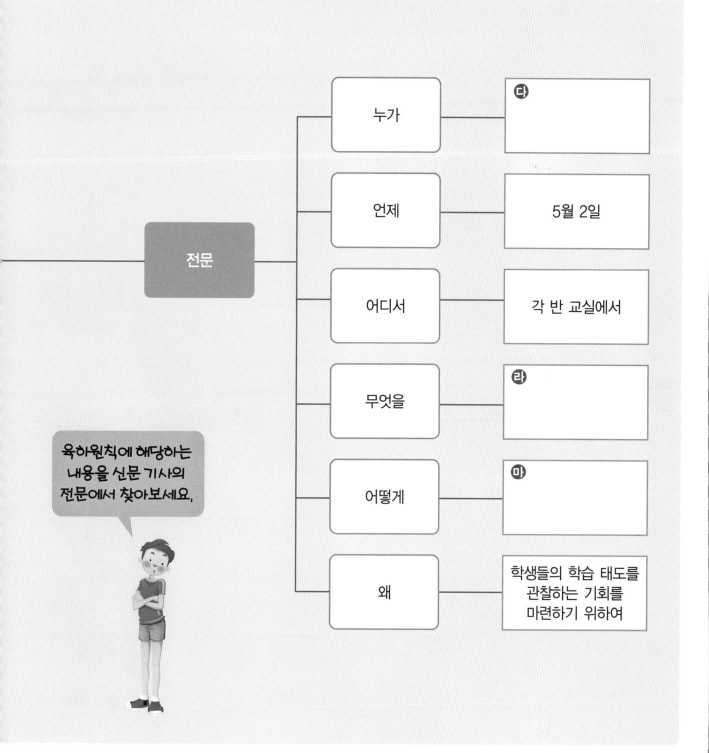

1 다음은 또 다른 신문 기사의 제목과 전문입니다. 육하원칙 가운데 무엇이 빠져 있는지 찾아 ∨표 해 보세요.

부산 ○○초등학교 개교 기념 축하
가족과 함께하는 체육 한마당 열어

지난 5월 5일 부산 ○○초등학교는 개교기념일(4일)과 어린이날(5일), 어버이날(8일)을 기념하기 위하여 학부모님과 가족들이 참석한 가운데 '가족과 함께하는 새싹 체육 한마당'을 열었다.

경기가 진행되는 동안 자리에 앉아 있는 학생들은 응원을 하며 경기를 봤다. 학부모님과 선생님이 참여하는 경기에는 더욱 열띤 응원을 보냈다.

| 누가 | | 언제 | | 어디서 | |
| 무엇을 | | 어떻게 | | 왜 | |

2 다음은 앞의 글을 읽은 친구들의 대화입니다. 가장 타당하지 <u>못한</u> 의견을 내고 있는 친구는 누구인가요?

① 본문에는 기사의 내용이 구체적으로 잘 나타나 있어.

② 행사 내용을 자세하고 정확하게 객관적으로 전달하고 있어.

③ 제목을 통해 행사가 잘 치러졌다는 것을 짐작할 수 있어.

④ 글을 통해 앞으로 있을 일을 자세히 안내하고 있어.

오늘 읽어 볼 글입니다. 차근차근 잘 읽고, 문제를 풀어 보세요.

소금을 많이 먹는 것이 건강에 좋지 않다는 것은 이미 알려진 사실이다. 하지만 우리나라 사람들이 먹는 소금의 양은 줄어들지 않고 있다. '음식은 짭짤해야 제맛'이라는 인식과 장류, 절임류, 찌개류가 주를 이루는 식습관 때문이다.

소금에 가장 많이 들어 있는 나트륨은 우리 몸의 수분량을 조절하는 중요한 영양소이다. 그러나 나트륨을 많이 섭취하면 고혈압, 신장병, 위암 등이 생길 수 있다. 심장병이나 뇌졸중, 골다공증, 신부전증을 앓고 있는 사람은 특히 나트륨을 먹는 것에 주의해야 한다.

하루에 섭취하는 소금의 양을 줄이기 위해서는 크게 두 가지를 실천해야 한다. 첫째는 입맛을 싱겁게 바꾸는 것이고, 둘째는 짜지 않은 음식에서 소금 섭취량을 줄이는 것이다.

입맛을 싱겁게 바꾸기 위해서 다음 사항을 실천해야 한다.

① 집에서 하는 음식은 이전에 넣던 소금 양의 반만 넣어 요리한다.

② 국물보다는 건더기 위주로 먹는다.

③ 설렁탕, 곰탕 같은 음식에는 소금을 절대 넣지 않는다.

④ 음식을 할 때는 소금, 고추장 등의 양념 대신 고춧가루, 후추, 마늘, 생강, 양파, 겨자, 식초 등으로 맛을 낸다.

이렇게 입맛을 싱겁게 바꾼 다음에는 짜지 않은 음식에서 소금 섭취량을 줄이는 둘째 단계를 실천한다. 많은 양의 소금 또는 나트륨을 포함하는 짜지 않은 음식으로는 국 국물, 케첩, 버터, 마요네즈, 치즈, 콘플레이크 등이 있다. 싱거운 국물 이나 달콤하게 느껴지는 빵이라도 많은 양을 먹으면 섭취하는 소금의 양이 늘어나므로 주의해야 한다.

❶ **섭취** : 생물체가 양분 따위를 몸속에 빨아들이는 일

다음은 앞에서 읽은 글의 내용을 한눈에 볼 수 있도록 정리한 글밥지도입니다. 보기 에서 알맞은 말을 골라 빈칸을 채워 보세요. 그리고 글에 알맞은 제목과 각 문단의 내용을 찾아 선으로 연결해 보세요.

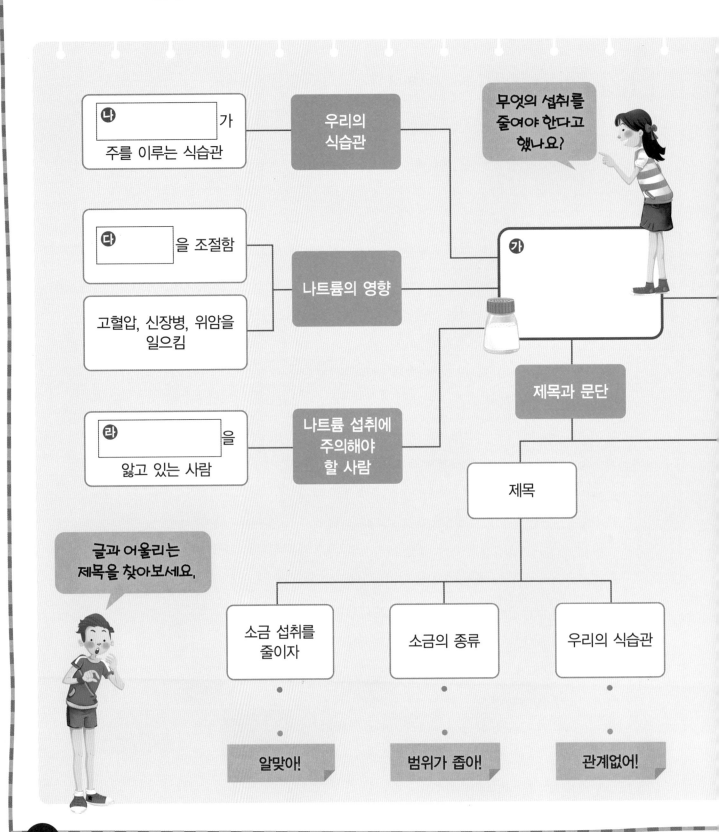

① 소금
② 장류, 절임류, 찌개류
③ 건더기
④ 국물
⑤ 양념을 줄임
⑥ 수분량
⑦ 심장병이나 뇌졸중, 골다공증, 신부전증
⑧ 짜지 않은 음식

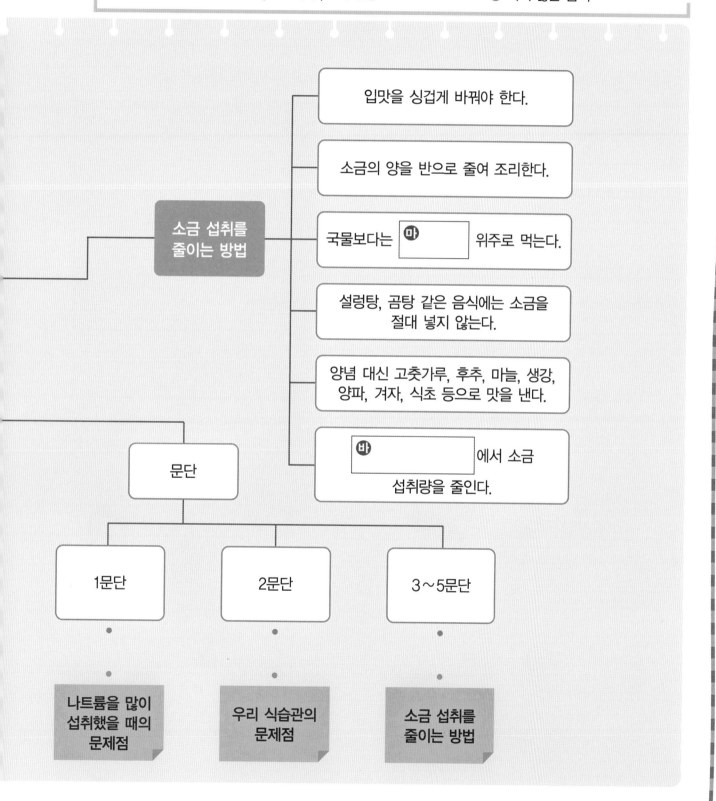

입맛을 싱겁게 바꿔야 한다.

소금의 양을 반으로 줄여 조리한다.

국물보다는 (마)   위주로 먹는다.

소금 섭취를
줄이는 방법

설렁탕, 곰탕 같은 음식에는 소금을
절대 넣지 않는다.

양념 대신 고춧가루, 후추, 마늘, 생강,
양파, 겨자, 식초 등으로 맛을 낸다.

(바)   에서 소금
섭취량을 줄인다.

문단

1문단

2문단

3~5문단

나트륨을 많이
섭취했을 때의
문제점

우리 식습관의
문제점

소금 섭취를
줄이는 방법

1 다음은 소금 섭취량을 줄이는 방법을 정리한 것입니다. 바르지 <u>않은</u> 것을 모두 찾아 ∨표 해 보세요.

소금 섭취량을 줄이는 방법	
① 음식을 할 때는 식초, 겨자, 후추, 고추, 마늘, 생강, 양파 등으로 맛을 낸다.	☐
② 설렁탕, 곰탕 같은 음식에는 소금을 절대 넣지 않는다.	☐
③ 케첩, 버터, 마요네즈 등을 이용하여 소스를 만들어 먹는다.	☐
④ 국물보다는 건더기 위주로 먹는다.	☐
⑤ 집에서 하는 음식은 소금 대신 무조건 간장을 넣어 요리한다.	☐

2 다음은 앞의 글을 읽은 친구들의 대화입니다. 가장 타당하지 <u>못한</u> 의견을 내고 있는 친구는 누구인가요?

①
건강을 위해서 하루에 섭취하는 소금의 양을 줄이는 것이 좋아.

②
우리나라 사람들은 국물을 많이 먹는 식습관 때문에 소금을 많이 섭취하고 있어.

③
소금 섭취를 줄이기 위해서는 먹는 음식의 양을 줄이는 것이 가장 좋은 방법이야.

④
음식을 싱겁게 먹는 것이 건강에 좋아.

오늘 읽어 볼 글입니다. 차근차근 잘 읽고, 문제를 풀어 보세요.

세계 7대 불가사의에 대해 들어 본 적이 있나요? 세계 7대 불가사의를 가장 처음 생각해 낸 사람은 고대 그리스 인이에요. 고대 그리스 인이 생각한 세계 7대 불가사의는 그 당시 문명국 가들이 만들어 낸 웅대한 건축 및 예술 작품이에요.

고대 그리스 인이 생각한 세계 7대 불가사의로는 다음과 같은 것들이 있어요. 먼저 첫 번째 인 '기자의 피라미드'는 7대 불가사의 가운데 가장 오래되었고, 실제로 볼 수 있는 유일한 건 축물이에요. 두 번째인 '바빌론의 공중 정원'은 이름처럼 공중에 떠 있는 것이 아니라 높이 솟 아 있는 계단식 정원이고, 세 번째인 '올림피아의 제우스상'은 아테네의 피디아스가 만든 거 대하고 화려한 제우스 신의 조각이에요. 네 번째인 '에페소스의 아르테미스 신전'은 거대한 규모와 예술 장식품으로 유명해요. 다섯 번째인 '할리카르나소스의 마우솔레움'은 아나톨리 아의 왕 마우솔로스의 거대한 무덤이에요. 여섯 번째는 '로도스의 거상'으로 로도스 항에 있 는 거대한 청동 상이에요. 마지막으로 일곱 번째인 '파로스 섬의 등대'는 이집트의 프톨레마 이오스 2세가 파로스 섬에 세운 고대의 가장 유명한 등대예요.

'세계 7대 불가사의'라는 이름은 기원전 약 3세기를 전후로 쓰이기 시작했고, 일곱 개의 작 품을 선정하는 기준은 시대에 따라 조금씩 차이가 있어요. 예를 들어 스위스의 '세계 신(新) 7 대 불가사의 재단'은 2007년 세계 신(新) 7대 불가사의 로 중국의 만리장성, 페루 잉카 유적지 마추픽 추, 요르단 고대 도시 페트라, 브라질 거대 예수 상, 멕시코 치첸 이트사 마야 유적지, 로마 콜 로세움, 인도 타지마할을 선정하기도 했어요.

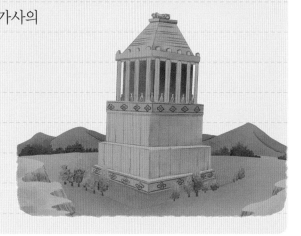

❶ **문명국가** : 과학 기술이 발달하여 국민의 생활 수준과
의식 수준이 높고 인권이 존중되는 나라

글밥지도 그리기

다음은 앞에서 읽은 글의 내용을 한눈에 볼 수 있도록 정리한 글밥지도입니다. 보기 에서 알맞은 말을 골라 빈칸을 채워 보세요. 그리고 글에 알맞은 제목을 찾아 선으로 연결해 보세요.

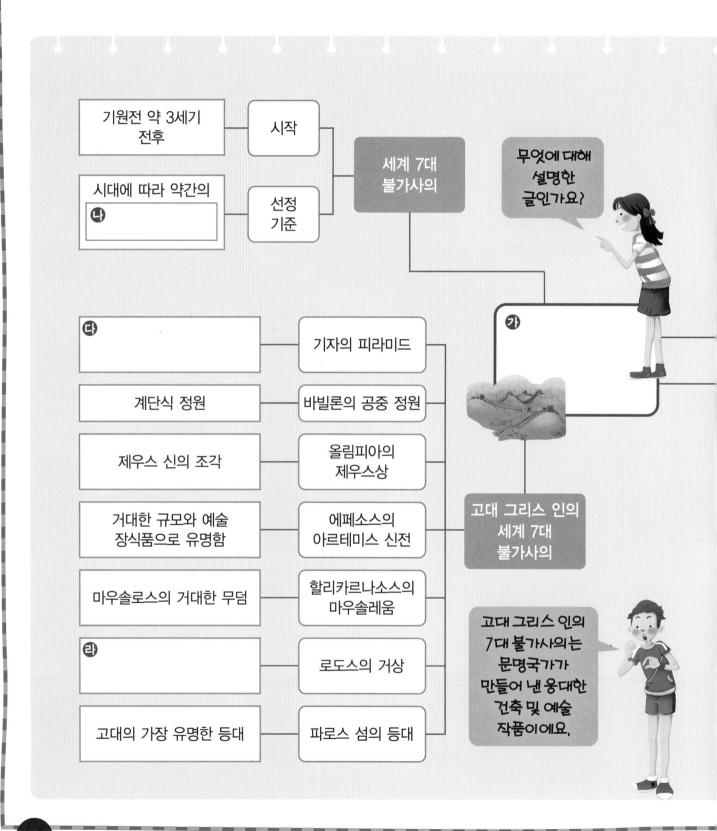

기원전 약 3세기 전후 ── 시작 ──┐
시대에 따라 약간의 **나** ── 선정 기준 ──┘ 세계 7대 불가사의

무엇에 대해 설명한 글인가요?

다

가

	기자의 피라미드
계단식 정원	바빌론의 공중 정원
제우스 신의 조각	올림피아의 제우스상
거대한 규모와 예술 장식품으로 유명함	에페소스의 아르테미스 신전
마우솔로스의 거대한 무덤	할리카르나소스의 마우솔레움
라	로도스의 거상
고대의 가장 유명한 등대	파로스 섬의 등대

고대 그리스 인의 세계 7대 불가사의

고대 그리스 인의 7대 불가사의는 문명국가가 만들어 낸 웅대한 건축 및 예술 작품이에요.

보기

① 가장 오래되었고, 실제로 볼 수 있음   ② 세계 7대 불가사의   ③ 신 7대 불가사의의

④ 세계 신(新) 7대 불가사의의 재단   ⑤ 고대 그리스 인   ⑥ 2007년

⑦ 차이가 있음   ⑧ 로도스 항에 만든 거대한 청동 상

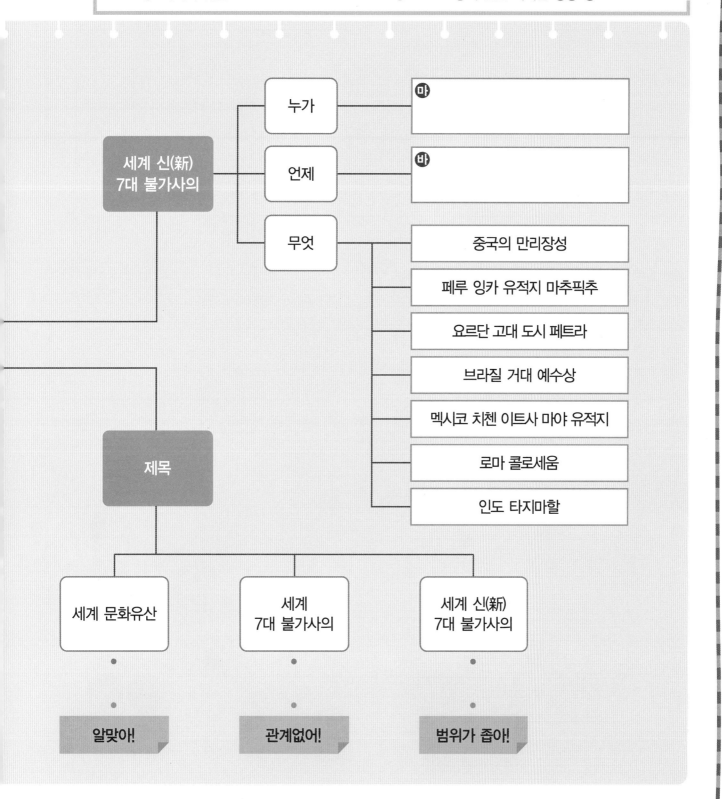

1 다음은 세계 7대 불가사의의 특징을 정리한 것입니다. 바르지 <u>않은</u> 것을 모두 찾아 ∨표 해 보세요.

세계 7대 불가사의의 특징	
① 고대 그리스 인이 처음 생각해 낸 것이다.	
② 고대 그리스 인이 생각한 세계 7대 불가사의는 웅대한 건축물 및 예술 작품이다.	
③ 고대 그리스 인의 세계 7대 불가사의 가운데 현재 볼 수 있는 것은 없다.	
④ 세계 7대 불가사의의 선정 기준은 언제나 똑같다.	
⑤ 세계 신 7대 불가사의의 작품 가운데에는 중국의 만리장성이 포함되어 있다.	

2 다음은 앞의 글을 읽은 친구들의 대화입니다. 가장 타당하지 <u>못한</u> 의견을 내고 있는 친구는 누구인가요?

①
세계 7대 불가사의는 시대에 따라 다르게 선정될 수 있구나.

②
기술이나 기계 등이 부족했던 시대에 크고 웅장한 건축물을 만들었다니 정말 놀라워.

③
세계 신 7대 불가사의로 선정된 것들은 모두 2007년에 만들어진 것들이구나.

④
고대 그리스 인의 세계 7대 불가사의는 지금은 대부분 남아 있지 않아 안타까워.

108

 오늘 읽어 볼 글입니다. 차근차근 잘 읽고, 문제를 풀어 보세요.

㉮ 나는 어린이들이 텔레비전을 시청해도 좋다고 생각합니다. 왜냐하면 텔레비전 시청이 반드시 나쁜 것만은 아니며 유익한 점도 많다고 생각하기 때문입니다.

우선 텔레비전을 통해 유익한 정보를 얻을 수 있습니다. 뉴스나 다큐멘터리 프로그램 등을 통해 다양한 정보를 얻고, 관심을 가질 수 있는 계기를 마련할 수 있습니다. 또한 가족과 함께 텔레비전을 시청하면서 프로그램에서 다루고 있는 주제에 대해 이야기함으로써 서로의 생각을 알게 되고, 사고력을 키우는 데에도 도움이 되기 때문입니다. 마지막으로 학습과 관련된 프로그램을 통해서 재미있고 흥미 있게 학습할 수 있습니다.

다만 텔레비전 시청은 중독성이 있기 때문에 시간을 정해서 시청하거나 필요한 프로그램만 선택하여 가족과 함께 시청한다면 문제가 없다고 생각합니다.

㉯ 나는 어린이들이 텔레비전을 시청하는 것은 좋지 않다고 생각합니다.

텔레비전 시청은 중독성이 있기 때문에 오랜 시간 텔레비전 앞에 앉아 있게 되어 눈이 나빠지고, 쉽게 살이 찌기 때문에 건강에 좋지 않습니다. 또한 텔레비전 프로그램에 폭력적인 것이 많아 정서적으로도 좋지 않다고 생각합니다. 마지막으로 텔레비전을 시청하느라 공부를 게을리하거나 책을 읽지 않게 되어 학습 능력이 점점 떨어질 수 있습니다.

텔레비전을 시청하는 대신 책이나 신문을 읽도록 합니다. 그렇게 하면 지식과 함께 재미도 얻을 수 있고, 세상에서 일어나는 일도 접할 수 있게 됩니다. 텔레비전을 시청하는 대신 다른 여가 활동을 찾아 하는 것도 텔레비전 시청의 유혹을 떨칠 수 있는 좋은 방법의 하나라고 생각합니다.

글밥지도
그리기

다음은 앞에서 읽은 글의 내용을 한눈에 볼 수 있도록 정리한 글밥지도입니다. 보기
에서 알맞은 말을 골라 빈칸을 채워 보세요. 그리고 글에 알맞은 제목과 글의 짜임
을 찾아 선으로 연결해 보세요.

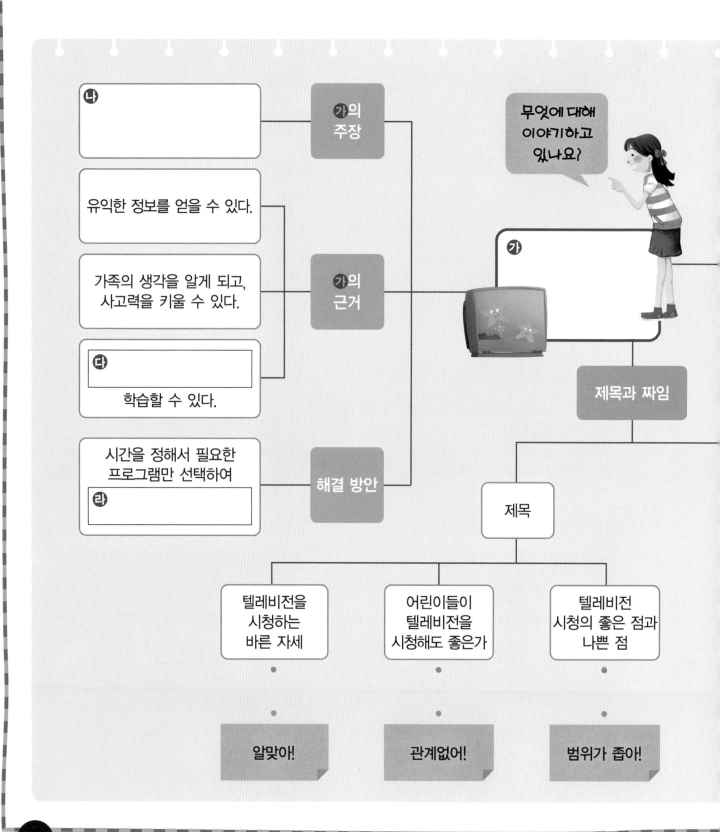

나

가의 주장

유익한 정보를 얻을 수 있다.

가족의 생각을 알게 되고, 사고력을 키울 수 있다.

가의 근거

다

학습할 수 있다.

시간을 정해서 필요한 프로그램만 선택하여

라

해결 방안

무엇에 대해 이야기하고 있나요?

가

제목과 짜임

제목

텔레비전을 시청하는 바른 자세

어린이들이 텔레비전을 시청해도 좋은가

텔레비전 시청의 좋은 점과 나쁜 점

알맞아!

관계없어!

범위가 좁아!

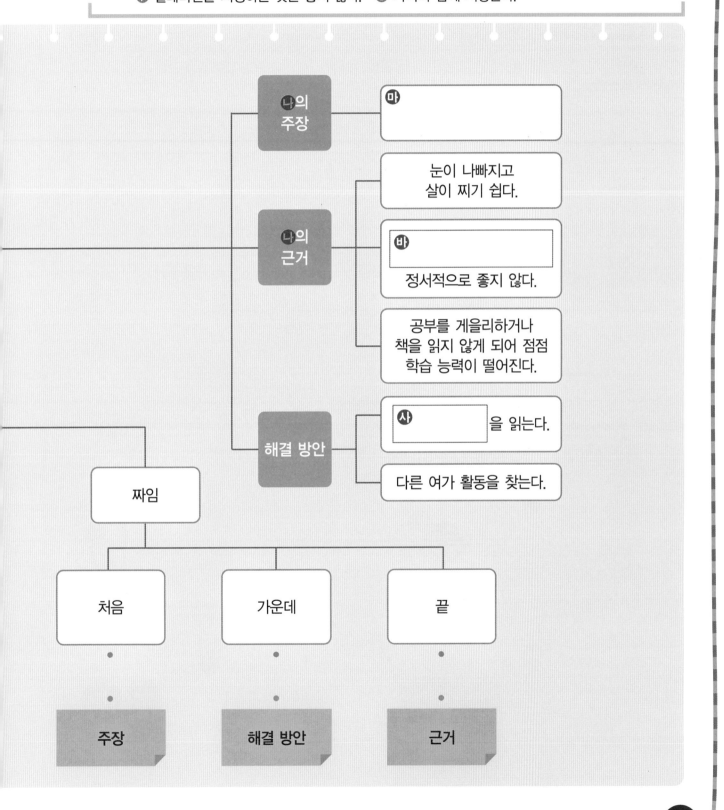

나의 주장

마

나의 근거

눈이 나빠지고 살이 찌기 쉽다.

바

정서적으로 좋지 않다.

공부를 게을리하거나 책을 읽지 않게 되어 점점 학습 능력이 떨어진다.

해결 방안

사 을 읽는다.

다른 여가 활동을 찾는다.

짜임

처음

가운데

끝

주장

해결 방안

근거

1 글 **가**와 글 **나**에서는 다음과 같은 주장을 제시하였습니다. 주장을 뒷받침할 수 있는 또 다른 근거로 바르지 <u>않은</u> 것을 골라 ∨표 해 보세요.

	주장	**가** 텔레비전을 시청해도 좋다.	
글 **가**	근거	① 다양한 텔레비전 프로그램을 통해 재미와 감동을 느낄 수 있다.	☐
		② 텔레비전 시청을 통해 스트레스를 해소할 수 있다.	☐
글 **나**	주장	**나** 텔레비전을 시청하는 것은 좋지 않다.	
	근거	③ 텔레비전에서 나오는 전파는 건강에 해롭다.	☐
		④ 여가 시간에 텔레비전을 시청하면 가족과의 대화가 늘어난다.	☐

2 다음은 앞의 글을 읽은 친구들의 대화입니다. 가장 타당한 의견을 내고 있는 친구는 누구인가요?

① 텔레비전 프로그램 가운데 유익한 것도 많으므로 가려서 본다면 텔레비전을 시청해도 괜찮다고 생각해.

② 텔레비전을 보면서 책도 함께 읽으면 더 유익할 거야.

③ 텔레비전을 보지 않으면 친구들과 의사소통이 잘 되지 않아 따돌림을 받을 수 있으므로 꼭 봐야 해.

④ 텔레비전 프로그램에 폭력적인 것이 많으므로 무조건 보지 말아야 해.

오늘 읽어 볼 글입니다. 차근차근 잘 읽고, 문제를 풀어 보세요.

제10회 전국 어린이 ○○예술제를 오는 6월 22일 서울시 ○○공원 꿈의 광장에서 서울시 교육청과 ○○신문 주최, ○○대학교의 후원으로 개최합니다. 이번 예술제는 어린이들의 상상력과 창의력을 키우고자 개최하오니 많은 관심과 참여 바랍니다. 전국 유치원생, 초등학생이 참가할 수 있으며, 미술 · 백일장 · 서예 3개 부문에서 각각 실기 대회와 공모전으로 나누어 진행됩니다. 시상은 부문별로 대상 · 최우수상 · 우수상 · 장려상 등이 수여됩니다.

참가 신청은 ○○신문 누리집으로 접속해 6월 20일까지 인터넷 접수하면 됩니다. 수상자는 6월 26일 ○○신문과 ○○신문 누리집에 동시 발표되며, 우수작은 ○○대학교 대강당에 전시될 예정입니다.

▶ 작품 주제 : • 실기 대회(미술 : 자유, 백일장 : 당일 발표)　• 공모전(미술, 백일장, 서예 : 자유)

▶ 참가비 : 1만 원

▶ 대회 당일 준비물 : • 주최 측에서 도화지 및 원고지 제공　• 그림 도구 및 필기구는 각자 지참

다음은 앞에서 읽은 글의 내용을 한눈에 볼 수 있도록 정리한 글밥지도입니다. 보기 에서 알맞은 말을 골라 빈칸을 채워 보세요. 그리고 글에 알맞은 제목을 찾아 선으로 연결해 보세요.

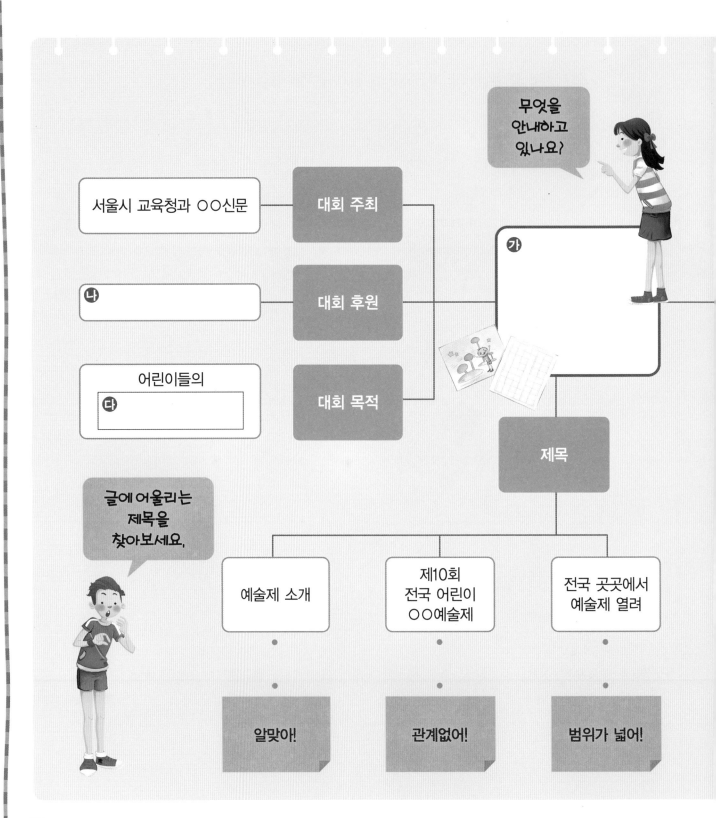

보기

① 서예
② 고등학생
③ 전국 유치원생, 초등학생
④ ○○대학교
⑤ 제10회 전국 어린이 ○○예술제
⑥ 서울시 ○○공원 꿈의 광장
⑦ 상상력과 창의력을 키우려고
⑧ ○○대학교 대강당

대회 장소	라
대회 날짜	6월 22일
응모 분야	미술 / 백일장 / 마
참가 대상	바
참가 신청	○○신문 누리집에서 인터넷 접수
준비물	주최 측 — 도화지 및 원고지 / 참가자 — 그림 도구 및 필기구

1 다음은 앞에서 읽은 글을 기사문으로 고쳐 쓴 것입니다. 빈칸에 들어갈 알맞은 말을 보기에서 골라 답해 보세요.

제 10회 전국 어린이 ○○예술제 개최
전국 어린이들의 글 솜씨, 그림 솜씨 뽐낼 기회 마련

제10회 전국 어린이 ○○예술제가 오는 6월 22일 서울시 ○○공원 꿈의 광장에서 열린다. 이번 예술제는 어린이들의 상상력과 창의력을 키우고자 서울시 교육청과 ○○신문 주최, ○○대학교의 후원으로 마련된 것이다.

전국 유치원생, 초등학생이라면 누구나 참가할 수 있으며 미술·백일장·서예 3개 부문에서 ① [　　　　　] 와 공모전으로 나누어 진행된다.

참가 신청은 ② [　　　　　] 에서 받고 있다. 참가비는 ③ [　　　] 이다.

| 실기 대회 | ○○신문 누리집 | 1만 원 | ○○대학교 누리집 | 5천 원 |

2 다음은 앞의 글을 읽은 친구들의 대화입니다. 가장 타당한 의견을 내고 있는 친구는 누구인가요?

① 전국 어린이 ○○예술제에 대한 글쓴이의 생각과 의견이 잘 나타나 있어.

② 알리고자 하는 내용이 자세히 나타나 있지 않아 참가할 수 없겠어.

③ 작품 주제가 자유이니 어린이들의 상상력이 듬뿍 담긴 글들을 많이 볼 수 있을 거야.

④ 안내하고자 하는 사항에 대하여 주최, 목적, 장소, 날짜, 내용 등이 명확히 드러나 있어.

오늘 읽어 볼 글입니다. 차근차근 잘 읽고, 문제를 풀어 보세요.

지우야, 그동안 잘 있었니? 오늘은 우리 가족을 소개할게.

우리 가족은 할머니, 아버지, 어머니, 나, 동생 이렇게 다섯 명이야. 우리 집의 큰 어른이신 할머니께서는 연세가 여든일곱이시지만, 아주 건강하셔. 그리고 자상하시고 유머도 많으셔서 우리를 자주 웃게 만드셔. 그래서 나는 우리 할머니가 세상에서 제일 좋아.

다음으로 내가 존경하는 분은 우리 아버지야. 우리 아버지께서는 중학교에서 수학을 가르치시는 선생님이셔. 수학 문제를 풀다가 모르는 것이 있으면 아버지께서 가르쳐 주시기 때문에 나는 학원에 다니지 않고 집에서 공부하고 있어. 나와 동생이 말을 듣지 않을 때에는 무섭게 혼을 내시지만, 평소에는 우리 이야기를 잘 들어주시고 함께 자전거도 타시는 자상한 분이란다.

우리 어머니께서는 집 근처에서 옷 가게를 하셔. 가게 일과 집안일을 함께하시기 때문에 늘 바쁘셔. 그래서 우리를 잘 챙겨 주시지 못해 늘 미안하다고 말씀하시지. 하지만 우리는 어머니께서 힘드실까 봐 오히려 걱정이 돼.

열 살인 내 여동생은 귀엽고 내 말도 잘 들어. 그림을 잘 그려서 학교 대표로 대회에 나가서 상을 타 오기도 했어.

나는 네가 이미 알고 있는 것처럼 영화 보는 것을 좋아해서 영화감독이 되는 것이 꿈이란다.

내년에 중학교에 가면 공부도 더 열심히 하고, 내 꿈을 이루기 위해 더 많은 노력을 하려고 해.

다음 편지에는 내가 감명 깊게 본 영화에 대해 쓸게. 그럼 그때까지 안녕.

20○○년 ○○월 ○○일

민영이가

글밥지도
그리기

다음은 앞에서 읽은 글의 내용을 한눈에 볼 수 있도록 정리한 글밥지도입니다. 보기
에서 알맞은 말을 골라 빈칸을 채워 보세요. 그리고 글을 쓴 목적과 글의 짜임을 찾
아 선으로 연결해 보세요.

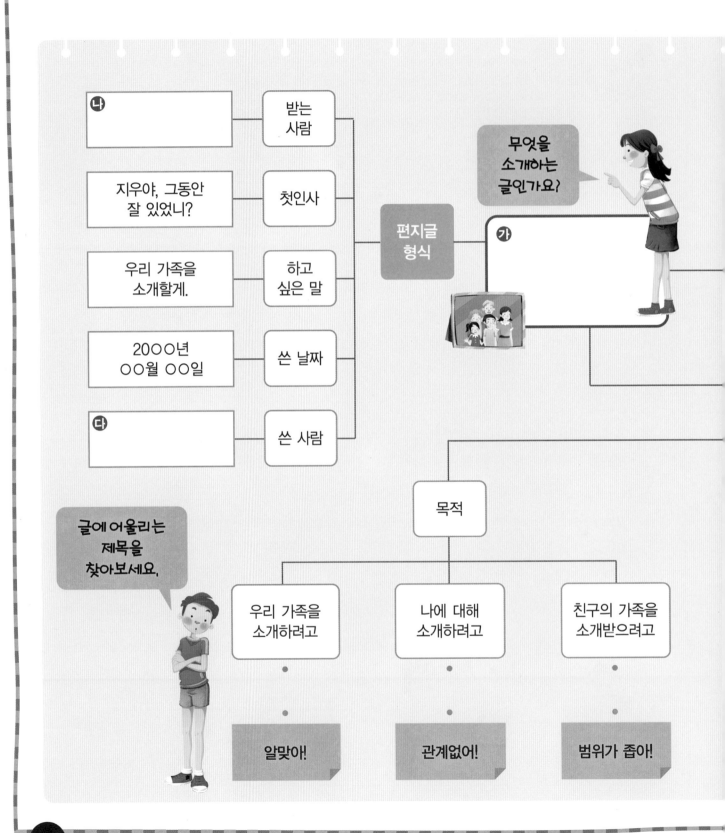

보기

① 누나 ② 민영 ③ 우리 가족

④ 지우 ⑤ 아버지 ⑥ 영화감독이 꿈이다.

⑦ 그림을 잘 그린다. ⑧ 어머니

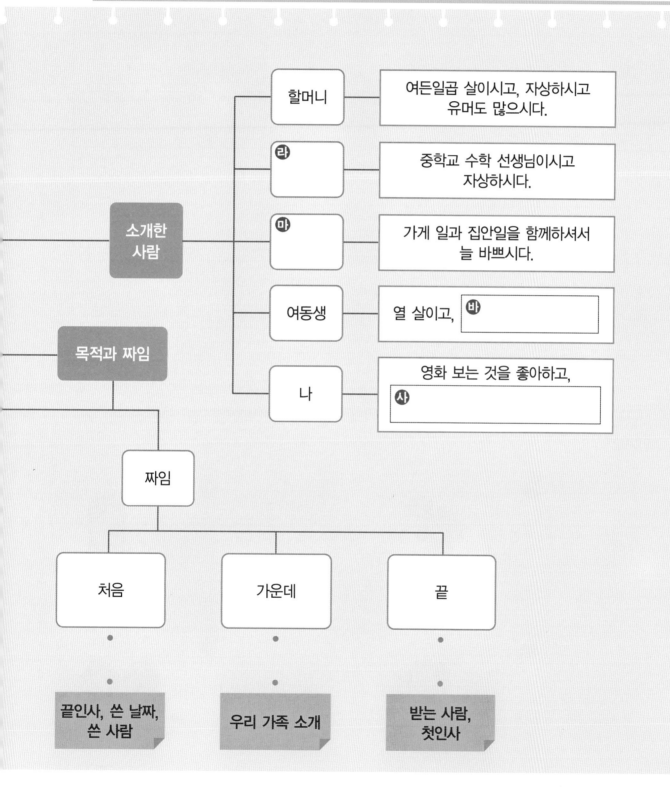

소개한 사람

할머니 — 여든일곱 살이시고, 자상하시고 유머도 많으시다.

㉰ — 중학교 수학 선생님이시고 자상하시다.

㉱ — 가게 일과 집안일을 함께하셔서 늘 바쁘시다.

여동생 — 열 살이고, ㉲

나 — 영화 보는 것을 좋아하고, ㉳

목적과 짜임

짜임

처음 · · 끝인사, 쓴 날짜, 쓴 사람

가운데 · · 우리 가족 소개

끝 · · 받는 사람, 첫인사

119

1 다음은 앞의 글을 읽고, 우리 가족의 특징을 정리한 것입니다. 알맞은 것에는
○표, 바르지 <u>못한</u> 것에는 ∨표 해 보세요.

우리 가족의 특징		
할머니	① 아주 건강하시고, 자상하시다.	☐
아버지	② 동생과 나를 항상 엄하게 혼내신다.	☐
어머니	③ 동생과 나를 언제나 잘 챙겨 주신다.	☐
여동생	④ 영화 보는 것을 좋아해서 영화 감독이 되는 것이 꿈이다.	☐
나	⑤ 어머니께서 힘드실까 봐 걱정하고 있다.	☐

2 다음은 앞의 글을 읽은 친구들의 대화입니다. 가장 타당하지 <u>못한</u> 의견을 내고 있는 친구는 누구
인가요?

① 민영이는 친구에게 편지로
가족을 소개하고 있어.

② 자기 자신에 대해 너무 간단히
소개했어. 자신에 대해
자세히 소개해야 해.

③ 편지를 읽어 보니 민영이네
가족은 화목할 것 같아.

④ 가족 구성원의 특징적인
부분을 잘 소개하고 있어.

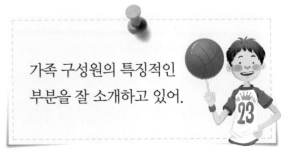

오늘 읽어 볼 글입니다. 차근차근 잘 읽고, 문제를 풀어 보세요.

　제기차기는 주로 겨울철에 남자아이들이 즐기던 놀이로, 오늘날에는 계절에 상관없이 어느 곳에서나 즐길 수 있는 놀이이다. 제기차기의 역사는 아주 오래된 것으로 알려지고 있다. 기록에 의하면 고대 중국에서 무술을 연마하기 위하여 고안된 '축국'에서 시작되었다고 한다.

　제기는 구멍 뚫린 엽전을 한지나 비단으로 싸서 그 끝을 갈래갈래 찢어 너풀거리게 7~8센티미터 정도의 술을 만든다. 요즘은 엽전 대신 엽전 모양의 구멍 뚫린 쇠붙이를 쓰고, 한지나 비단 대신 비닐을 이용한다.

　제기 차는 방법에는 발 들고 차기, 양발 차기, 외발 차기, 뒷발 차기 등이 있다. 발 들고 차기는 한 발을 땅에 대지 않고 공중에서만 차기 때문에 헐렁 차기라고도 한다. 양발 차기는 제기를 두 발로 번갈아 가며 차는 것이다. 외발 차기는 제기를 한 발로 차되, 차고 난 발을 땅에 내렸다가 다시 차는 방법이다. 뒷발 차기는 가장 어려운 방법으로, 제기를 뒤로 차올리는 것이다. 제기차기는 두 사람 이상 여럿이서 개인별 내기도 할 수 있고, 편을 갈라 할 수도 있는데 제기를 정해진 방법으로 많이 차는 쪽이 이긴다. 진 쪽에서는 종들이기라 하여 이긴 사람의 서너 걸음 앞에서 그의 발부리에 제기를 던져 준다. 그러면 이긴 사람이 이것을 멀리 차 보내는데, 진 쪽에서 그 제기를 잡거나 차는 사람이 헛발질을 하면 종들이기를 벗어난다.

　제기차기는 지방에 따라 다르게 불리기도 하는데, 평안도에서는 테기차기 또는 체기차기, 전라도에서는 재기차기, 제주도에서는 쪽기차기 등으로 불린다.

 글밥지도 그리기

다음은 앞에서 읽은 글의 내용을 한눈에 볼 수 있도록 정리한 글밥지도입니다. 보기 에서 알맞은 말을 골라 빈칸을 채워 보세요. 그리고 글에 알맞은 제목과 각 문단의 내용을 찾아 선으로 연결해 보세요.

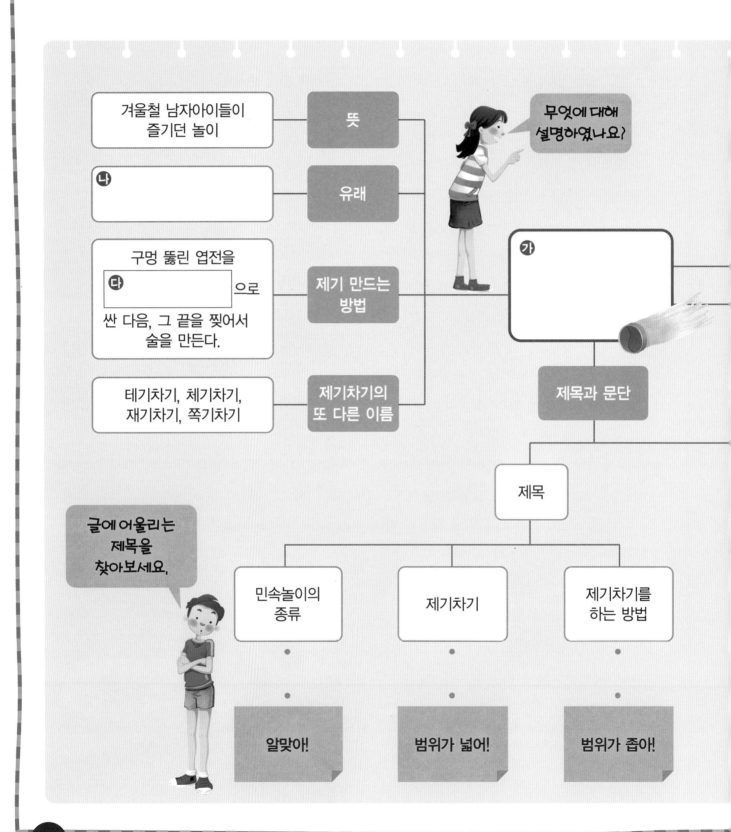

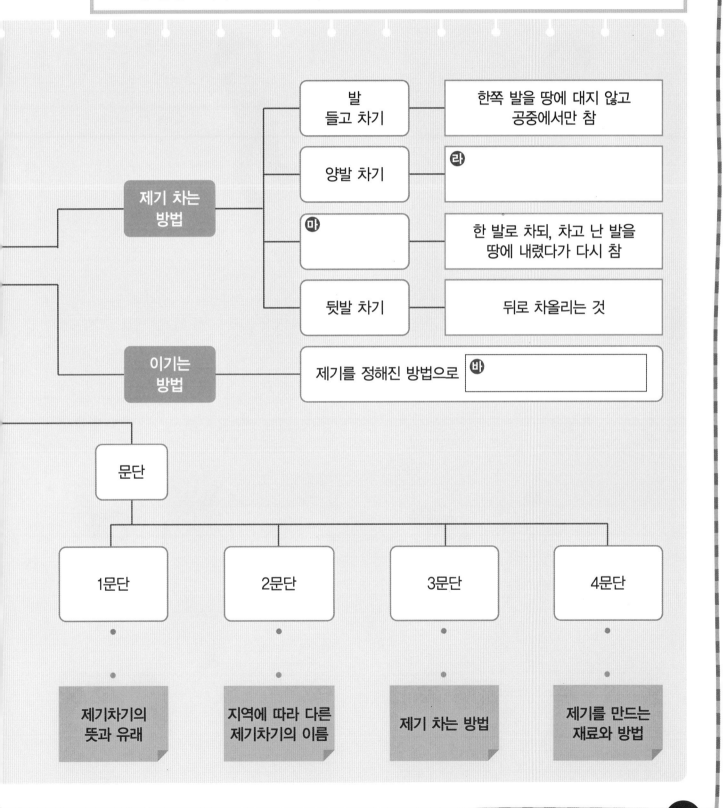

보기

① 많이 차야 함   ② 제기차기   ③ 중국의 '축국'

④ 한지나 비단   ⑤ 쇠붙이와 비닐   ⑥ 외발 차기

⑦ 발 들고 차기   ⑧ 두 발로 번갈아 가며 참

제기 차는 방법

발 들고 차기 — 한쪽 발을 땅에 대지 않고 공중에서만 참

양발 차기 — 라

마 — 한 발로 차되, 차고 난 발을 땅에 내렸다가 다시 참

뒷발 차기 — 뒤로 차올리는 것

이기는 방법 — 제기를 정해진 방법으로 바

문단

1문단 — 제기차기의 뜻과 유래

2문단 — 지역에 따라 다른 제기차기의 이름

3문단 — 제기 차는 방법

4문단 — 제기를 만드는 재료와 방법

123

1 다음은 앞의 글에서 설명한 제기를 차는 방법을 그림으로 나타낸 것입니다. 알맞은 제기차기의 방법을 **보기**에서 골라 써 보세요.

> 한 발을 땅에 대면 안 돼.

> 가장 어려운 제기차기 방법이야.

① _____

② _____

보기

| 발 들고 차기 | 뒷발 차기 | 양발 차기 | 외발 차기 |

2 다음은 앞의 글을 읽은 친구들의 대화입니다. 가장 타당하지 <u>못한</u> 의견을 내고 있는 친구는 누구인가요?

① 제기차기는 여러 가지 방법으로 할 수 있지만, 지금은 하지 않는 놀이야.

② 제기차기에서 이기려면 제기를 땅에 떨어뜨리지 않고, 많이 차야 해.

③ 제기차기는 두 사람 이상 여럿이 개인별 내기도 할 수 있고, 편을 갈라 할 수도 있어.

④ 종들이기에서 벗어나려면 상대방이 찬 제기를 잡아야 해.

오늘 읽어 볼 글입니다. 차근차근 잘 읽고, 문제를 풀어 보세요.

가끔씩 강원도 지역 바닷물의 온도가 낮아지면, 갑자기 해파리 떼가 나타나기 시작한다. 어떤 곳에 평소 보이지 않았던 해파리 떼가 나타난다는 것은 그곳의 환경에 심각한 변화가 있음을 뜻한다.

해파리가 처음에 나타난 시기는 대략 10억 년 전쯤으로 추측되고 있다. 오스트레일리아에서는 6억 5,000만 년 전의 해파리 화석이 발견되기도 했다.

해파리는 전 세계에 약 250여 종이 있는 것으로 알려져 있다. 해파리는 히드라, 산호, 말미잘과 마찬가지로 자포동물의 한 종류이다. 자포동물이란 다자세포라고 하는 특수한 세포로 먹잇감이나 경쟁자를 물리치는 동물의 한 종류를 말한다.

해파리의 우산은 공을 반으로 잘라 놓은 것처럼 생겼고, 몸속 기관을 보호한다. 물에서 더 잘 뜨기 위해서 가스가 차 있는 경우도 있다. 우산은 해파리의 종류에 따라 크기가 다양하다. 해파리의 촉수는 적을 물리치거나 먹이를 잡는 데 사용한다. 이 촉수 중에서 뒷면 한가운데에 늘어진 자루의 끝에는 입이 있다.

해파리는 어린 물고기나 동물 플랑크톤을 먹는데, 반대로 개복치류와 같은 물고기들의 주된 먹이가 되기도 한다. 또한 바닷가로 밀려 나오면 게들에게 집중 공격을 받는다. 해파리는 바닷속 생태계에서 다른 생물들의 삶을 지탱하기 위해 희생되기도 하는 것이다.

글밥지도
그리기

다음은 앞에서 읽은 글의 내용을 한눈에 볼 수 있도록 정리한 글밥지도입니다. 보기 에서 알맞은 말을 골라 빈칸을 채워 보세요. 그리고 글에 알맞은 제목과 각 문단의 내용을 찾아 선으로 연결해 보세요.

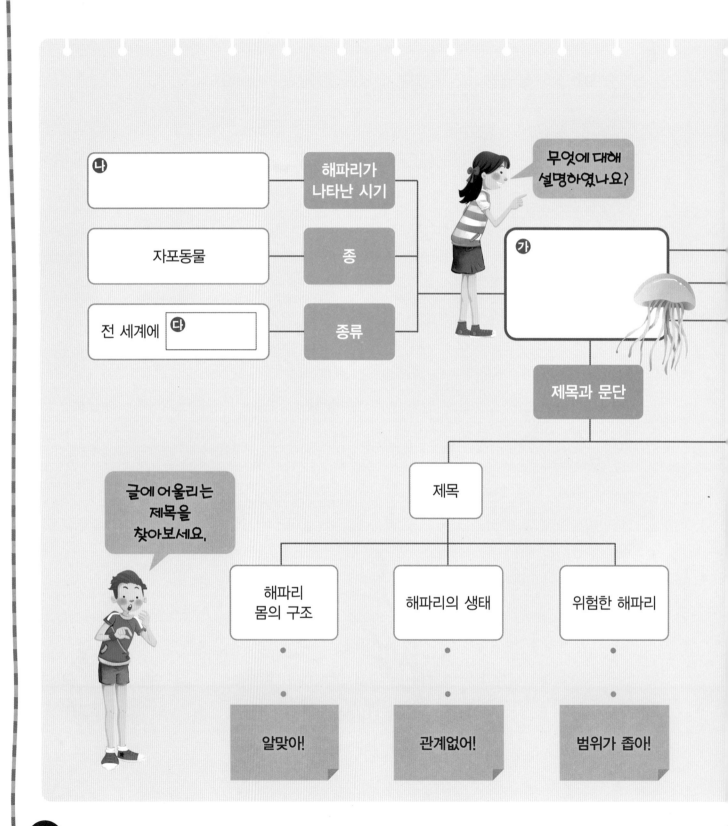

나	해파리가 나타난 시기
자포동물	종
전 세계에 다	종류

무엇에 대해 설명하였나요?

가

제목과 문단

제목

해파리 몸의 구조

해파리의 생태

위험한 해파리

글에 어울리는 제목을 찾아보세요.

알맞아!

관계없어!

범위가 좁아!

보기

① 해파리
② 약 250여 종
③ 어린 물고기나 동물 플랑크톤
④ 약 10억 년 전
⑤ 먹이를 잡는 데 사용함
⑥ 몸속 기관을 보호함
⑦ 히드라와 산호
⑧ 6억 5000만 년 전

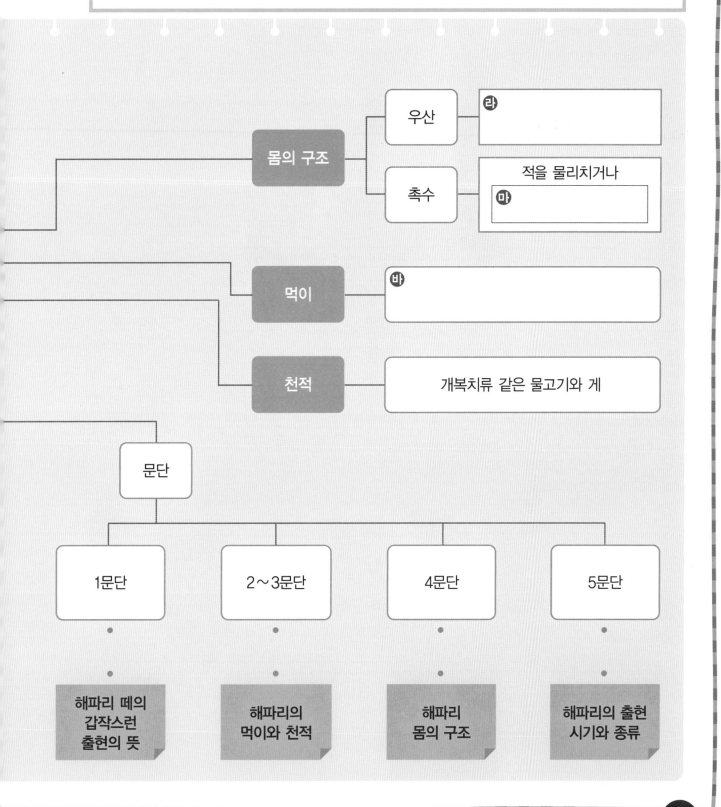

몸의 구조

우산 — 라

촉수 — 적을 물리치거나
마

먹이 — 바

천적 — 개복치류 같은 물고기와 게

문단

| 1문단 | 2~3문단 | 4문단 | 5문단 |

해파리 떼의 갑작스런 출현의 뜻

해파리의 먹이와 천적

해파리 몸의 구조

해파리의 출현 시기와 종류

1 다음은 바닷속 생물들입니다. 앞에서 읽은 글에서 설명하고 있는 해파리와 비슷한 종의 생물을 찾아 ○표 해 보세요.

히드라

말미잘

미역

산호

불가사리

2 다음은 앞의 글을 읽은 친구들의 대화입니다. 가장 타당하지 <u>못한</u> 의견을 내고 있는 친구는 누구인가요?

① 오스트레일리아에서 발견된 해파리의 화석은 어떤 모습일지 정말 궁금해.

② 해파리는 촉수를 이용하여 어린 물고기를 잡아.

③ 해파리 떼가 갑자기 나타난다면 환경의 변화를 의심해 보아야 해.

④ 해파리의 우산은 크기와 모양이 모두 똑같아서 재미없어.

 오늘 읽어 볼 글입니다. 차근차근 잘 읽고, 문제를 풀어 보세요.

달아 달아 초승달아
어디 갔다 이제 왔니
새각시의 눈썹 같고
늙은이의 허리 같다
달아 달아 초승달아
어서어서 자라나서
거울 같은 네 얼굴로
우리 동무한테 가서
나와 같이 비춰 주고
오라버니 자는 창에
나와 같이 비춰 주고
울 어머니 자는 창에
나와 같이 비춰 주고
울 오랍시 자는 방에
나와 같이 비춰 주고
우리 형님 자는 방에
나와 같이 비춰 주고
우리 동생 자는 방에
내 간 듯이 비춰 주고
거울 같은 네 얼굴로
온 세상을 비추어라.

다음은 앞에서 읽은 글의 내용을 한눈에 볼 수 있도록 정리한 글밥지도입니다. 보기에서 알맞은 말을 골라 빈칸을 채워 보세요. 그리고 글에 알맞은 제목과 각 행의 내용을 찾아 선으로 연결해 보세요.

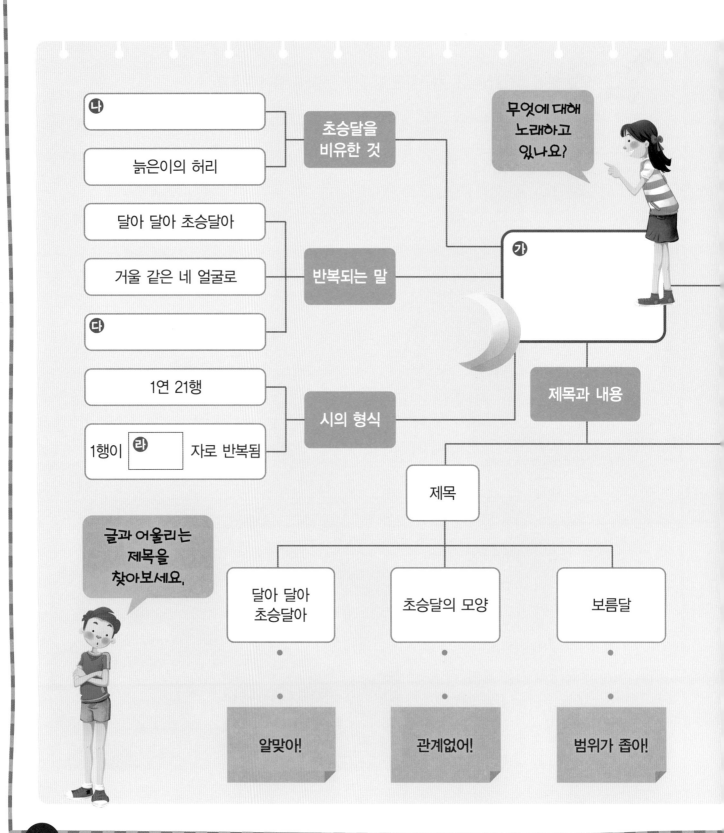

초승달을
비유한 것

나

늙은이의 허리

달아 달아 초승달아

거울 같은 네 얼굴로

다

반복되는 말

1연 21행

1행이 라 자로 반복됨

시의 형식

무엇에 대해
노래하고
있나요?

가

제목과 내용

제목

글과 어울리는
제목을
찾아보세요.

달아 달아
초승달아

초승달의 모양

보름달

알맞아!

관계없어!

범위가 좁아!

보기
① 반달　　　② 온 세상　　　③ 초승달　　　④ 새각시의 눈썹
⑤ 일곱　　　⑥ 여덟　　　⑦ 오라버니　　　⑧ 나와 같이 비춰 주고

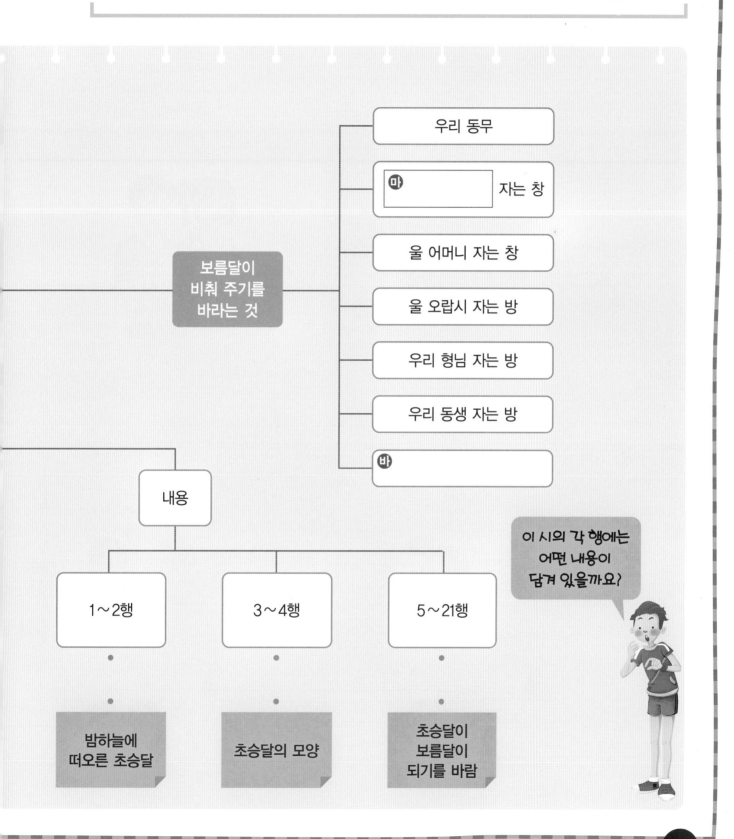

우리 동무

마 _____ 자는 창

울 어머니 자는 창

울 오랍시 자는 방

우리 형님 자는 방

우리 동생 자는 방

바 _____

보름달이 비춰 주기를 바라는 것

내용

1~2행

3~4행

5~21행

이 시의 각 행에는 어떤 내용이 담겨 있을까요?

밤하늘에 떠오른 초승달

초승달의 모양

초승달이 보름달이 되기를 바람

1 다음은 앞에서 읽은 전래 동요의 일부분입니다. 빈칸에 자유롭게 말을 넣어 새로운 전래 동요를 지어 보세요.

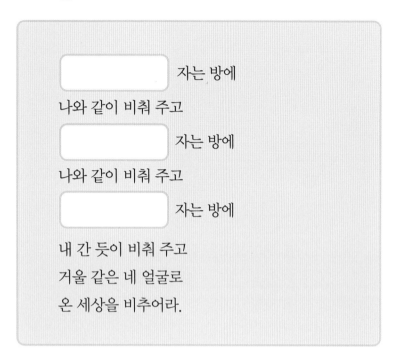

　　　　　　　자는 방에

나와 같이 비춰 주고

　　　　　　　자는 방에

나와 같이 비춰 주고

　　　　　　　자는 방에

내 간 듯이 비춰 주고

거울 같은 네 얼굴로

온 세상을 비추어라.

보름달이 어디를 비추었으면 좋겠는지 생각해 봐.

2 다음은 앞의 글을 읽은 친구들의 대화입니다. 가장 타당하지 <u>못한</u> 의견을 내고 있는 친구는 누구인가요?

① 초승달의 모양을 다른 사물에 빗대어 나타낸 것이 재미있어.

② 글쓴이는 보름달이 빨리 자라 초승달이 되기를 바라고 있어.

③ 글자 수가 일정하게 반복되어 노래하는 듯한 느낌이 들어.

④ 우리 가족을 비추어 달라는 것에서 가족을 사랑하는 글쓴이의 마음이 느껴져.

꼼꼼히 집중하여 읽기

오늘 읽어 볼 글입니다. 차근차근 잘 읽고, 문제를 풀어 보세요.

　지금은 하나의 자연 현상으로 여겨지고 있는 일이지만, 우주에서 어떤 일이 벌어지는지 알 수 없었던 옛날 사람들은 일식과 월식을 안 좋은 일이 생길 기미나 재앙으로 생각했어요. 하늘에 있던 태양과 달이 갑자기 검은 그림자에 가려졌으니 그럴 만도 했을 거예요.

　'일식'은 태양과 지구 사이에 달이 들어가 달이 태양을 가리면서 지구에 그림자를 드리우기 때문에 나타나는 현상이에요. 지구가 태양의 둘레를 돌고 달이 지구의 둘레를 돌기 때문에 생기는 일식은 해가 전부 보이지 않는 '개기 일식'과 일부만 보이지 않는 '부분 일식'으로 나뉘어요. 이때 달이 지구에서 멀리 떨어져 태양보다 크기가 작아 보이게 되면 태양의 안쪽만 가려져 바깥 부분이 금반지를 두른 것처럼 보이는 '금환 일식'이 일어나기도 해요. 일식은 낮에 볼 수 있으며, 일식이 일어나면 주위는 온통 뿌연 어둠에 휩싸여요.

　달도 지구의 그림자 속으로 들어가서 가려지는 현상이 일어나는데, 이것을 '월식'이라고 해요. 월식은 태양, 지구, 달이 일직선으로 놓일 때 달이 지구 그림자 속에 들어가 생기게 되는 것으로, 달이 태양의 반대쪽에 있게 되는 보름달일 때만 일어나요. 월식에서 지구 그림자의 아주 어두운 부분에 달이 전부 들어가면 '개기 월식'이 일어나고, 일부만 들어가면 '부분 월식'이 일어나요. 월식은 대부분 달이 지구의 둘레를 돌면서 일어나기 때문에 지속 시간이 길어, 달이 서서히 가려졌다가 서서히 생기게 되고, 일식보다 더 자주 일어나요. 왜냐하면 지구가 달보다 약 4배 정도 크기 때문이에요.

❶ **기미** : 어떤 일을 알아차릴 수 있는 눈치

다음은 앞에서 읽은 글의 내용을 한눈에 볼 수 있도록 정리한 글밥지도입니다. 보기 에서 알맞은 말을 골라 빈칸을 채워 보세요. 그리고 글에 알맞은 제목과 각 문단의 내용을 찾아 선으로 연결해 보세요.

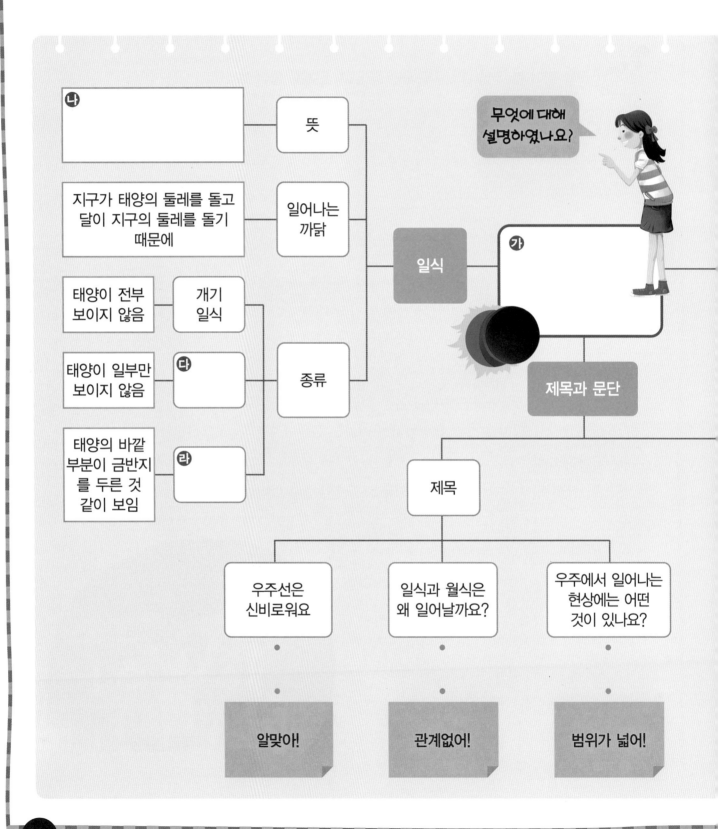

나

뜻

지구가 태양의 둘레를 돌고 달이 지구의 둘레를 돌기 때문에

일어나는 까닭

태양이 전부 보이지 않음 — 개기 일식

태양이 일부만 보이지 않음 — **다**

종류

태양의 바깥 부분이 금반지를 두른 것 같이 보임 — **라**

무엇에 대해 설명하였나요?

일식 — **가**

제목과 문단

제목

우주선은 신비로워요 · 알맞아!

일식과 월식은 왜 일어날까요? · 관계없어!

우주에서 일어나는 현상에는 어떤 것이 있나요? · 범위가 넓어!

134

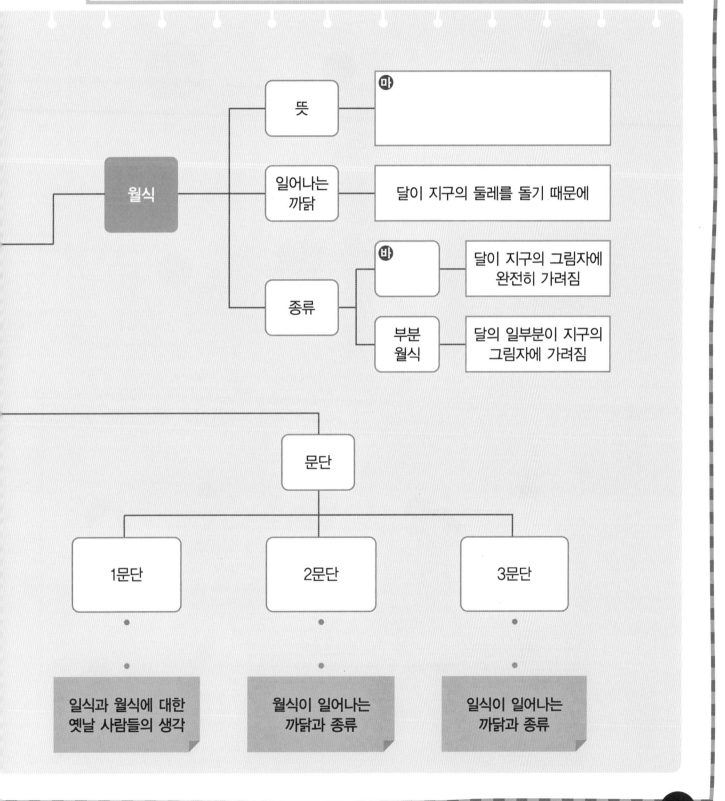

보기

❶ 부분 일식   ❷ 일식과 월식   ❸ 개기 월식

❹ 달이 태양을 가리는 현상   ❺ 금환 일식   ❻ 태양의 일부만 보이지 않음

❼ 달이 지구의 그림자에 가려지는 현상   ❽ 태양이 지구를 가리는 현상

월식

  뜻 — ㉮

  일어나는 까닭 — 달이 지구의 둘레를 돌기 때문에

  종류

    ㉯ — 달이 지구의 그림자에 완전히 가려짐

    부분 월식 — 달의 일부분이 지구의 그림자에 가려짐

문단

  1문단 — 일식과 월식에 대한 옛날 사람들의 생각

  2문단 — 월식이 일어나는 까닭과 종류

  3문단 — 일식이 일어나는 까닭과 종류

1 다음은 앞에서 읽은 글의 일식과 월식이 일어나는 현상을 그림으로 나타낸 것입니다. 무엇을 나타낸 것인지 알맞게 쓰세요.

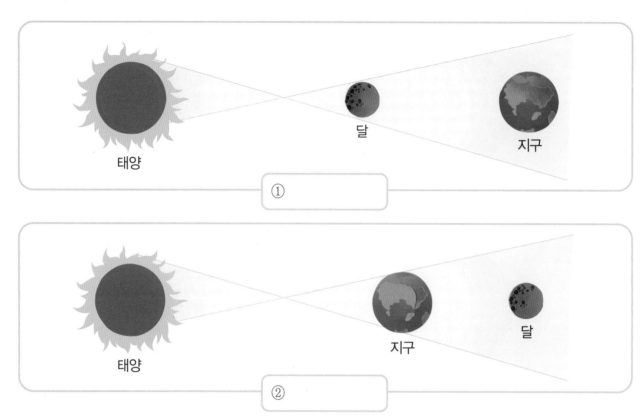

태양   달   지구

①

태양   지구   달

②

2 다음은 앞의 글을 읽은 친구들의 대화입니다. 가장 타당하지 <u>못한</u> 의견을 내고 있는 친구는 누구인가요?

① 일식과 월식은 모두 밤에 관찰할 수 있겠구나.

② 옛날에도 지금처럼 월식이나 일식과 같은 현상이 있었어.

③ 태양, 지구, 달이 일직선으로 놓일 때 월식이 일어나는구나.

④ 월식은 보름달일 때만 관찰할 수 있고, 초승달이나 그믐달일 때에는 관찰할 수 없어.

공습국어 초등독해

정답과 해설

5·6학년　심화 Ⅲ

주니어김영사

㉮ ② 갯벌
㉯ ⑤ 모래와 펄로 이루어진 곳
㉰ ⑥ 물의 깊이가 얕아야 함
㉱ ⑧ 진흙이 많다.
㉲ ④ 갯지렁이, 게, 조개류
㉳ ⑦ 오염 물질을 정화함
㉴ ③ 훌륭한 관광 자원

● 제목

갯벌에 대하여	갯벌의 중요성	우리나라의 갯벌
알맞아	관계없어	범위가 좁아

> **해설**
> • **갯벌에 대하여** : 제시문은 갯벌의 뜻, 종류, 형성 조건, 갯벌에 사는 생명체, 갯벌의 가치 등 갯벌에 대한 전반적인 내용을 다루고 있으므로, 제목으로 알맞습니다.
> • **갯벌의 중요성** : 갯벌이 중요한 까닭은 제시문에 나와 있는 내용 중 일부분이므로, 제목으로 하기에는 범위가 좁습니다.
> • **우리나라의 갯벌** : 우리나라의 갯벌은 제시문에 나타나 있지 않은 내용이므로, 제목과 관계없습니다.

 요목조목 따져보기

1. ③
2. ②

> **해설**
> 갯벌은 육지도 바다도 아닌 쓸모없는 곳이 아니라 경제적, 환경적, 문화적으로 다양한 가치가 있으므로, 이것은 알맞지 않은 의견입니다.

글밥지도 그리기

㉮ ④ 숯
㉯ ⑦ 가마
㉰ ⑧ 불에 타는 시간이 짧고, 유독 가스가 나옴
㉱ ③ 백탄
㉲ ① 흡착력
㉳ ⑥ 세균과 냄새를 빨아들임
㉴ ⑤ 전자파나 해로운 물질

● 제목

숯의 신비	숯의 다양한 쓰임	숯의 유래
알맞아	관계없어	범위가 좁아

> **해설**
> • **숯의 신비** : 제시문은 숯을 만드는 방법, 숯의 종류. 숯의 기능 등 숯의 신비롭고 다양한 쓰임에 대해 설명하고 있으므로, 제목으로 알맞습니다.
> • **숯의 다양한 쓰임** : 숯의 다양한 쓰임은 제시문에 나와 있는 내용 중 일부분이므로, 제목으로는 범위가 좁습니다.
> • **숯의 유래** : 제시문에는 나타나 있지 않은 내용이므로, 제목과 관계없습니다.

● 짜임

처음	가운데	끝
숯을 만드는 방법	숯의 효능과 활용	숯의 종류

 요목조목 따져보기

1. ① ㉫ ② ㉠ ③ ㉣ ④ ㉢
2. ③

> **해설**
> 숯은 옛날부터 다양하게 이용되었고, 지금도 예전 못지않게 다양하게 쓰이고 있으므로, 이것은 알맞지 않은 의견입니다.

글밥지도 그리기

- ㉮ ④ 사자
- ㉯ ② 사슴을 데려와 달라는 것
- ㉰ ⑥ 왕의 자리
- ㉱ ① 왕이 되는 비법
- ㉲ ⑤ 꾀가 많고 간사함
- ㉳ ③ 욕심이 많고 게으름
- ㉴ ⑧ 사슴

● 제목

> **해설**
> • **여우의 거짓말** : 여우의 거짓말은 제시문에 나와 있는 내용 중 일부분이므로, 제목으로 하기에는 범위가 좁습니다.
> • **어리석은 여우** : 제시문에서는 거짓말로 사슴과 동물들을 속이던 여우가 결국은 자기 꾀에 넘어가 사자에게 잡아먹힌다는 이야기이므로, 제목으로 알맞습니다.
> • **숲 속의 왕** : 제시문은 욕심 많은 사슴과 간사한 여우, 게으르고 욕심 많은 사자에 대한 이야기이므로, 제목과 관계없습니다.

● 순서

끄덕끄덕 공감하기

1. ① 여우 ② 사슴 ③ 사자

2. ①

> **해설**
> 제시문은 자신의 꾀에 넘어가 사자에게 잡아먹힌 여우에 관한 이야기입니다. 그러므로 나에게 칭찬을 해 주는 사람의 말이라도 무조건 믿으면 안 된다는 말은 알맞지 않은 의견입니다.

글밥지도 그리기

- ㉮ ③ 인터넷 실명제
- ㉯ ⑧ 실제 이름과 주민 등록 번호
- ㉰ ⑥ 나쁜 소문이나 댓글
- ㉱ ② 정확하고 믿음이 가는 정보
- ㉲ ④ 표현의 자유

● 제목

> **해설**
> • **인터넷 언어의 특징** : 제시문에는 인터넷 언어의 특징에 대한 내용은 나타나 있지 않으므로, 제목과 관계없습니다.
> • **인터넷 실명제의 장단점** : 인터넷 실명제의 장단점은 제시문에 나와 있는 내용 중 일부분이므로, 제목으로 하기에는 범위가 좁습니다.
> • **인터넷 실명제가 필요한가** : 제시문에는 사이버 공간에서 익명성의 문제점, 인터넷 실명제의 장단점이 나타나 있으며, 이를 근거로 인터넷 실명제의 실시를 신중히 생각해야 한다고 주장하고 있습니다. 그러므로 제목으로 알맞습니다.

● 문단

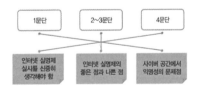

요목조목 따져보기

1. ㉮ 인터넷 실명제 실시를 신중히 생각해야 한다.
①, ②

2. ③

> **해설**
> 개인의 생각을 자유롭게 표현하는 것도 중요하지만, 나쁜 소문과 댓글을 달아 개인의 명예를 훼손하는 것은 옳지 않습니다.

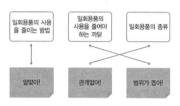

글밥지도 그리기

가 ③ 토의
나 ④ 토의 주제를 소개함
다 ② 위생적이기 때문에
라 ⑧ 일회용품의 사용 횟수를 줄이자.
마 ⑤ 재활용하자.
바 ⑦ 장바구니를 이용하자.

● **주제**

일회용품의 사용을 줄이는 방법	일회용품의 사용을 줄여야 하는 까닭	일회용품의 종류

알맞아!	관계없어!	범위가 좁아!

해설

· **일회용품의 사용을 줄이는 방법** : 제시문은 일회용품 사용을 줄이는 방법에 대해 토의하고 있으므로, 제목으로 알맞습니다.
· **일회용품의 사용을 줄여야 하는 까닭** : 제시문에서 토의의 근거로 일부 제시되어 있으므로, 제목으로 하기에는 범위가 좁습니다.
· **일회용품의 종류** : 제시문에서 나타내고자 하는 것은 일회용품 사용을 줄이는 방법이지 종류는 아니므로, 제목과 관계없습니다.

요목조목 따져보기

1. ②
2. ①

해설

재활용이 가능한 일회용품은 사용한 뒤 분리수거를 통하여 용도에 맞게 다시 사용해야 한다는 것은 알맞은 의견입니다.

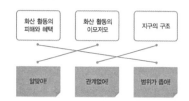

글밥지도 그리기

가 ① 화산
나 ⑤ 마그마
다 ⑦ 끈기가 적은 용암
라 ⑥ 원뿔 모양
마 ⑧ 지금도 마그마의 활동이 활발한 화산
바 ③ 기후 변화
사 ② 온천

● **제목**

화산 활동의 피해와 혜택	화산 활동의 이모저모	지구의 구조

알맞아!	관계없어!	범위가 좁아!

해설

· **화산 활동의 피해와 혜택** : 제시문의 뒷부분에 일부 나타나 있는 내용이므로, 제목으로 하기에는 범위가 좁습니다.
· **화산 활동의 이모저모** : 제시문에는 화산 활동의 뜻, 모양, 종류, 화산 활동의 피해와 혜택 등에 대한 내용이 나와 있으므로, 제목으로 알맞습니다.
· **지구의 구조** : 제시문에서 나타내고자 하는 것은 화산 활동과 관련된 내용이므로, 제목과 관계없습니다.

요목조목 따져보기

1. ④
2. ②

해설

제시문에서 한라산과 백두산 천지, 울릉도 나리 분지 등은 화산 활동이 일어난 지역으로, 볼거리가 많아 많은 사람들이 찾고 있다고 했습니다.

07회 | 41~44쪽

글밥지도 그리기

가 ② 사랑의 학교
나 ① 에드몬도 데 아미치스
다 ⑤ 일기 형식으로 쓴 동화
라 ⑧ 페르보니 선생님
마 ⑥ 고현정 선생님
바 ③ 기쁨, 슬픔, 감동

● 제목

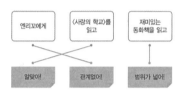

해설

• **엔리꼬에게** : 제시문은 독서 감상문입니다. '엔리꼬에게'라는 제목은 편지에 어울리므로, 제목과 관계없습니다.

• **〈사랑의 학교〉를 읽고** : 제시문은 〈사랑의 학교〉를 읽고 쓴 독서 감상문이므로, 제목으로 알맞습니다.

• **재미있는 동화책을 읽고** : 제시문은 〈사랑의 학교〉라는 동화책을 읽고 쓴 독서 감상문이므로 제목으로 하기에는 범위가 넓습니다.

● 짜임

끄덕끄덕 공감하기

1. ③
2. ③

해설

학교생활을 소재로 하여 쓴 데다 우리가 사는 세상과 시간적, 공간적으로 다르기 때문에 더욱 재미있고 흥미로울 수 있습니다.

08회 | 45~48쪽

글밥지도 그리기

가 ① 타박네
나 ⑤ 묻고 대답하는 형식
다 ④ 명태 싫다
라 ⑥ 가지 싫다
마 ② 우리 엄마 젖을 다오
바 ⑦ 엄마에 대한 그리움
사 ③ 안타깝고 애절함

● 제목

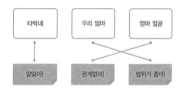

해설

• **타박네** : 제시문은 전래 동요 속 주인공 타박네가 돌아가신 엄마가 그리워 엄마의 무덤을 찾아가며 겪은 일을 제삼자가 노래한 것이므로, 제목으로 알맞습니다.

• **우리 엄마** : 제시문은 전래 동요 속 주인공 타박네가 돌아가신 엄마를 그리워하는 내용이지만, '우리 엄마'에 초점이 맞추어진 내용이 아닙니다. 그러므로 제목으로 하기에는 범위가 좁습니다.

• **엄마 얼굴** : 제시문은 엄마 얼굴을 묘사한 것이 아니므로, 제목과 관계없습니다.

● 내용

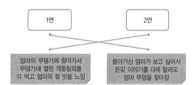

끄덕끄덕 공감하기

1. 그립다., 애틋하다.
2. ④

해설

타박네는 이미 돌아가신 엄마의 무덤을 찾아간 것이므로, 이 의견은 알맞지 않습니다.

09회 | 49~52쪽

글밥지도 그리기

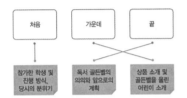

- ㉮ ③ 독서 골든벨 대회
- ㉯ ⑧ 인천 우람초, '독서 골든벨 대회' 열어
- ㉰ ⑤ 책을 들어요! 독서 실력을 뽐내요!
- ㉱ ⑥ 우람초등학교 어린이들은
- ㉲ ④ 시청각실에서
- ㉳ ⑦ 자신의 독서 실력을 확인하기 위해

● **본문**

처음	가운데	끝

참가한 학생 및 진행 방식, 당시의 분위기	독서 골든벨의 의의와 앞으로의 계획	상품 소개 및 골든벨을 울린 어린이 소개

요목조목 따져보기

1. 누가

> **해설**
>
> 언제 : 지난주 금요일
> 어디서 : 우람초등학교 시청각실
> 무엇을 : 독서 골든벨 본선 대회를
> 어떻게 : 치렀다.
> 왜 : 자신의 독서 실력을 뽐내기 위해

2. ②

> **해설**
>
> 독서 골든벨 대회는 퀴즈를 푸는 어린이들이 친구들의 응원을 받으며 대회를 치렀으므로 이것은 알맞지 않은 의견입니다.

10회 | 53~56쪽

글밥지도 그리기

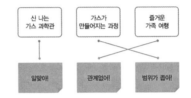

- ㉮ ③ 가스 과학관
- ㉯ ② 에너지
- ㉰ ⑤ 한 달 전에 아버지께서 예약을 하심
- ㉱ ① 이상한 냄새
- ㉲ ④ 지루한 박물관
- ㉳ ⑦ 천연가스를 이용한 차

● **제목**

신 나는 가스 과학관	가스가 만들어지는 과정	즐거운 가족 여행

알맞아!	관계없어!	범위가 좁아!

> **해설**
>
> • **신 나는 가스 과학관** : 제시문은 가스 과학관을 견학하면서 본 것과 새롭게 알게 된 점 및 글쓴이의 느낌이나 생각이 드러난 견학 기록문입니다. 견학한 장소와 글쓴이의 생각이 드러나 있으므로, 제목으로 알맞습니다.
>
> • **가스가 만들어지는 과정** : 이 제목은 제시문에 나타나 있는 일부분의 내용만을 가리키므로 제목으로 알맞지 않습니다.
>
> • **즐거운 가족 여행** : 제시문에서는 온 가족이 가스 과학관으로 견학을 다녀왔다고 했지 여행을 다녀왔다고는 하지 않았습니다. 그러므로 제목과 관계없습니다.

● **한 것**

지층 여행	자유 체험장	크린 타워 전망대

시원스러운 경치를 감상함	지구 역사와 화석 연료의 탄생 과정에 대해 알아봄	여러 가지 에너지가 생기는 원리를 놀이를 통해 알아봄

요목조목 따져보기

1. ⑤, ⑥
2. ④

> **해설**
>
> 글쓴이는 지루한 박물관과는 달리, 가스 과학관 체험이 재미있었다고 했습니다. 따라서 견학을 싫어한다는 의견은 옳지 않습니다.

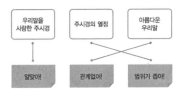 **글밥지도 그리기**

㉮ ④ 주시경
㉯ ⑧ 탐구심이 강하고
㉰ ① 〈독립신문〉을 만듦
㉱ ③ '국문 연구회'를 만듦
㉲ ⑥ 한글

● **제목**

우리말을 사랑한 주시경	주시경의 열정	아름다운 우리말

알맞아!	관계없어!	범위가 좁아!

> **해설**
> • **우리말을 사랑한 주시경** : 제시문에는 주시경의 우리말을 사랑한 열정, 태도, 업적 등에 대해 나타나 있으므로, 제목으로 알맞습니다.
> • **주시경의 열정** : 제시문에는 주시경의 열정뿐만 아니라 업적 등도 나타나 있으므로 제목으로 하기에는 범위가 좁습니다.
> • **아름다운 우리말** : 제시문은 아름다운 우리말을 다룬 것이 아니므로, 제목과 관계없습니다.

● **순서**

첫 번째	두 번째	세 번째	네 번째	다섯 번째

한문 공부를 하다 우연히 우리글을 접함	주시경은 1876년 여섯 남매 가운데 셋째로 태어남	〈독립신문〉을 만들어 정부를 비판함	1914년 과로로 병을 얻어 세상을 떠남	국문 연구회를 만듦

 끄덕끄덕 공감하기

1. ④, ⑤
2. ③

> **해설**
> 제시문은 주인공인 주시경이 시간의 흐름에 따라 한 일을 중심으로 쓴 것이므로, 이것은 알맞지 않은 의견입니다.

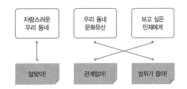 **글밥지도 그리기**

㉮ ② 경기도 고양시
㉯ ④ 땅이 기름져
㉰ ⑧ 내가 사는 곳을 친구에게 알려 주고 싶어서
㉱ ⑥ 북한산성, 행주산성
㉲ ⑤ 호수 공원

● **제목**

자랑스러운 우리 동네	우리 동네 문화유산	보고 싶은 민재에게

알맞아!	관계없어!	범위가 좁아!

> **해설**
> • **자랑스러운 우리 동네** : 제시문은 친구에게 자랑스러운 우리 동네에 대해 소개하는 목적으로 쓴 편지글이므로, 제목으로 알맞습니다.
> • **우리 동네 문화유산** : 제시문 일부분의 내용에 해당하므로, 제목으로 하기에는 범위가 좁습니다.
> • **보고 싶은 민재에게** : 제시문은 편지글이지만 안부를 전하기 위한 목적이 아니므로, 제목과는 관계없습니다.

● **문단**

1문단	2~3문단	4문단	5문단

내가 사는 곳을 소개하는 이유	고양시로 초대하는 말	지역적 특징과 역사 및 문화 유적지	문화 공간과 다양한 행사

 요목조목 따져보기

1. 자랑스럽다.
2. ④

> **해설**
> 제시문은 친구로부터 친구가 살고 있는 경주에 대해 소개하는 편지를 받고 나서 글쓴이가 살고 있는 동네를 소개한 것이므로, 이것은 알맞지 않은 의견입니다.

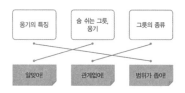

가 ③ 옹기
나 ② 질그릇과 오지그릇
다 ① 곡식과 장의 저장
라 ④ 아주 작은 공기구멍
마 ⑦ 내부 온도를 일정하게 유지

● 제목

옹기의 특징	숨 쉬는 그릇, 옹기	그릇의 종류

알맞아!	관계없어!	범위가 좁아!

해설

• **옹기의 특징** : 이 제목은 제시문에 나타나 있는 일부분의 내용만을 포함하기 때문에, 제목으로 하기에는 범위가 좁습니다.
• **숨 쉬는 그릇, 옹기** : 제시문은 옹기의 뜻, 쓰임, 특징 등의 내용을 다루고 있으며 특히 옹기의 좋은 점에 초점이 맞추어져 있으므로, 제목으로 알맞습니다.
• **그릇의 종류** : 제시문은 여러 가지 그릇의 종류가 아닌 옹기에 대해 설명하고 있으므로, 제목과는 관계없습니다.

● 짜임

처음	가운데	끝

옹기의 뜻	새롭게 주목받기 시작한 옹기	옹기의 쓰임과 특징, 옹기가 볼록한 까닭

요목조목 따져보기

1. ①, ③
2. ④

해설

옹기는 값이 너무 비싸 구입하기에 부담스러워 잘 쓰지 않는다는 내용은 제시문에 나타나 있지 않으므로, 이것은 알맞지 않은 의견입니다.

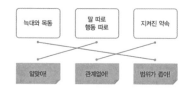

가 ④ 목동
나 ⑧ 어느 날
다 ⑤ 사냥꾼
라 ② 눈치가 빠름
마 ③ 약속을 지키지 않음
바 ① 눈치가 없음

● 제목

늑대와 목동	말 따로 행동 따로	지켜진 약속

알맞아!	관계없어!	범위가 좁아!

해설

• **늑대와 목동** : 제시문의 등장인물보다는 등장인물의 행동에 초점이 맞추어진 것이 제목으로 알맞습니다. 그러므로 제목으로 하기에는 범위가 좁습니다.
• **말 따로 행동 따로** : 이 제시문의 주제는 목동의 말 따로 행동 따로 인 것을 꼬집는 것이므로, 제목으로 알맞습니다.
• **지켜진 약속** : 늑대가 사냥꾼에게 들키진 않았지만 실제로는 늑대가 간 길을 가르쳐 주려 했으므로 목동이 늑대와의 약속을 지킨 것이 아닙니다. 그러므로 제목과 관계없습니다.

● 순서

첫 번째	두 번째	세 번째

목동의 행동을 지켜본 늑대가 목동의 눈은 고맙지 않다고 말함	늑대가 사냥꾼에게 쫓겨 목동에게 도와 달라고 부탁함	목동은 입으로 늑대가 간 반대쪽을 말하고 눈짓으로 늑대가 간 쪽을 가리킴

끄덕끄덕 공감하기

1. ① 간절하게 떨리는 목소리로
   ② 눈짓으로 간 쪽을 가리키며
2. ②

해설

목동에게 들어주지 못할 부탁을 한 늑대에게 모든 잘못이 있는 것이 아니라, 부탁을 들어주겠다고 말하고 제대로 약속을 지키지 않은 목동에게 잘못이 있으므로, 이것은 알맞지 않은 의견입니다.

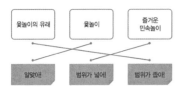 글밥지도 그리기

가 ③ 윷놀이
나 ② 네 개의 윷을 던져서 네 개의 말을 움직여 노는 민속
 놀이
다 ① '척사' 또는 '척사희'
라 ⑦ 농사의 풍흉
마 ⑥ 윷, 말, 말판
바 ⑤ 가축의 이름

● **제목**

| 윷놀이의 유래 | 윷놀이 | 즐거운 민속놀이 |

| 알맞애 | 범위가 넓애 | 범위가 좁애 |

(윷놀이의 유래 → 범위가 좁애 / 윷놀이 → 알맞애 / 즐거운 민속놀이 → 범위가 넓애)

> **해설**
> • 윷놀이의 유래 : 제시문에 나와 있는 일부분의 내용을 나타내므로, 제목으로 하기에는 범위가 좁습니다.
> • 윷놀이 : 이 제시문은 윷놀이의 유래, 특징, 하는 방법, 이기는 방법 등 전체적인 내용을 설명하는 것이므로, 제목으로 알맞습니다.
> • 즐거운 민속놀이 : 제시문에는 민속놀이 가운데 윷놀이에 대한 설명만 나타나 있으므로, 제목으로 하기에는 범위가 넓습니다.

● **문단**

| 1문단 | 2문단 | 3문단 | 4문단 |

| 윷놀이의 뜻과 유래 | 윷 사위의 뜻 | 윷놀이하는 방법 | 윷놀이의 의의 |

(1문단 → 윷놀이의 뜻과 유래 / 2문단 → 윷놀이하는 방법 / 3문단 → 윷 사위의 뜻 / 4문단 → 윷놀이의 의의)

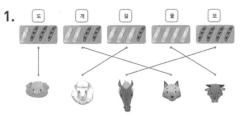 요목조목 따져보기

1.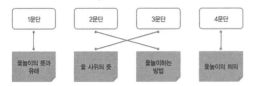

| 도 | 개 | 걸 | 윷 | 모 |

2. ④

> **해설**
> 윷놀이는 지금도 행해지므로, 이것은 알맞지 않은 의견입니다.

 글밥지도 그리기

가 ① 선사 시대
나 ④ 뗀석기와 골각기
다 ⑦ 불
라 ⑧ 빗살무늬 토기
마 ② 민무늬 토기
바 ⑤ 군장
사 ⑥ 고인돌

● **제목**

| 세계의 유물과 유적 | 선사 시대의 유물과 유적 | 인류의 역사 |

| 알맞애 | 관계없애 | 범위가 넓애 |

(세계의 유물과 유적 → 범위가 넓애 / 선사 시대의 유물과 유적 → 알맞애 / 인류의 역사 → 관계없애)

> **해설**
> • 세계의 유물과 유적 : 제시문은 세계의 유적과 유물이 아닌 선사 시대의 유적과 유물에 대한 내용이므로, 제목으로 하기에는 범위가 넓습니다.
> • 선사 시대의 유물과 유적 : 제시문은 한민족의 역사가 언제 어디에서부터 시작되었는지에 대해 설명하는 내용이므로, 제목으로 알맞습니다.
> • 인류의 역사 : 제시문에서 인류 전체의 역사에 대한 내용은 다루고 있지 않으므로, 제목과 관계없습니다.

● **문단**

| 1문단 | 2문단 | 3문단 | 4문단 | 5문단 |

| 선사 시대의 의미 | 신석기 시대의 특징과 생활 | 구석기 시대의 특징과 생활 | 청동기 시대의 특징과 생활 | 유물과 유적의 중요성 |

(1문단 → 선사 시대의 의미 / 2문단 → 구석기 시대의 특징과 생활 / 3문단 → 신석기 시대의 특징과 생활 / 4문단 → 청동기 시대의 특징과 생활 / 5문단 → 유물과 유적의 중요성)

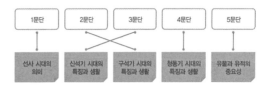 요목조목 따져보기

1. ① 구석기 시대 ② 신석기 시대 ③ 청동기 시대
2. ①

> **해설**
> 청동으로 만든 무기를 사용하기 시작한 것은 청동기 시대의 일입니다. 신석기 시대에는 간석기와 빗살무늬 토기를 사용했습니다.

17회 | 81~84쪽

글밥지도 그리기

가 ⑦ 우리 농산물　　**나** ③ 농촌이 고통받고 있음
다 ① 가격이 싸기 때문에　　**라** ② 직거래 장터 활성화
마 ⑤ 해로운 물질이 첨가됨　　**바** ⑥ 우리 몸에 잘 맞음
사 ⑧ 원산지 표시 확인

● **제목**

> **해설**
> • **우리 농산물을 애용해야 하는 이유** : 제시문에 나타나 있는 일부분의 내용이므로, 제목으로 하기에는 범위가 좁습니다.
> • **외국 농산물을 수입하지 말자** : 제시문에는 우리 농산물을 애용하기 위한 현명한 소비를 하자는 내용은 나타나 있지만, 외국 농산물을 수입하지 말자는 의견이 직접적으로 나타나 있지 않습니다. 그러므로 제목과 관계없습니다.
> • **우리 농산물을 애용하자** : 제시문은 여러 가지 이유로 수입 농산물이 넘쳐 나는 상황에서 우리 농산물을 지키기 위해 우리 농산물을 애용하자는 주장이 담긴 글이므로, 제목으로 알맞습니다.

● **문단**

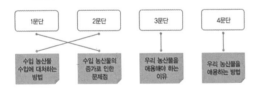

요목조목 따져보기

1. **가** 우리 농산물을 애용하자.
　　③

2. ④

> **해설**
> 시장 경제 상황에서 다른 나라에 경제 개방을 하지 않고 무조건 우리 것만을 고집할 수는 없습니다. 또한 수요와 공급 면에서 바람직하지 않으므로 현명한 소비를 하는 것이 더욱 중요합니다.

18회 | 85~88쪽

글밥지도 그리기

가 ① 여우
나 ⑥ 치즈 조각
다 ⑧ 면도날보다 날카로움
라 ④ 곱고 감미로움
마 ⑦ 머리는 어리석음
바 ⑤ 꾀가 많음
사 ② 판단력이 부족함

● **제목**

> **해설**
> • **여우와 까마귀** : 제시문은 까마귀가 여우에게 속은 내용이 주요 내용이고 여우와 까마귀는 이야기의 등장인물이므로, 제목으로 하기에는 범위가 좁습니다.
> • **어리석은 까마귀** : 제시문의 내용은 여우의 아첨에 속은 어리석은 까마귀가 주요 내용이므로, 제목으로 알맞습니다.
> • **까마귀의 지혜** : 제시문에서 까마귀의 행동은 지혜로운 행동이라고 할 수 없으므로, 제목과 관계없습니다.

● **순서**

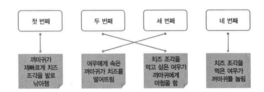

끄덕끄덕 공감하기

1. 재국

2. ①

> **해설**
> 까마귀는 여우의 무조건 칭찬하는 달콤한 말에 속아 판단력을 잃고 행동한 것이므로, 이것은 알맞은 의견이 아닙니다.

 **글밥지도 그리기**

가 ⑦ 세계의 종교
나 ③ 성경
다 ② 석가모니
라 ④ 생명
마 ① 알라
바 ⑥ 코란

● **제목**

세계의 종교	경전의 종류	종교가 역사에 미치는 영향

알맞애	관계없애	범위가 좁애

> **해설**
> • **세계의 종교** : 제시문은 세계의 종교에 대해 설명하며 기독교, 불교, 이슬람교에 대한 내용을 다루었으므로 제목으로 알맞습니다.
> • **경전의 종류** : 제시문은 기독교, 불교, 이슬람교의 발생과 사상 등에 대해 설명하는 글이므로, 제목으로 하기에는 범위가 좁습니다.
> • **종교가 역사에 미치는 영향** : 제시문에 나타나 있지 않은 내용이므로, 제목과 관계없습니다.

 요목조목 따져보기

1. ②
2. ④

> **해설**
> 제시문에서 종교는 처음 생겨난 지역에 상관없이 세계 곳곳으로 퍼져나간다고 했습니다. 그러므로 이 의견은 알맞지 않습니다.

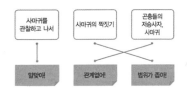 **글밥지도 그리기**

가 ⑧ 사마귀
나 ⑤ 사마귀의 생김새가 특이해서
다 ② 건강한 알을 남기기 위해서
라 ⑦ 수컷 사마귀의 부성애가 놀랍다.
마 ① 삼각형
바 ⑥ 낫

● **제목**

사마귀를 관찰하고 나서	사마귀의 짝짓기	곤충들의 저승사자, 사마귀

알맞애	관계없애	범위가 좁애

> **해설**
> • **사마귀를 관찰하고 나서** : 제시문은 사마귀를 관찰하고 나서 쓴 관찰 기록문이므로, 제목으로 알맞습니다.
> • **사마귀의 짝짓기** : 제시문의 내용 가운데 일부분이 나타나 있기는 하지만, 제목으로 하기에는 범위가 좁습니다.
> • **곤충들의 저승사자, 사마귀** : 제시문의 내용 중에 다른 곤충들을 잡아먹는 사마귀의 행동에 대한 내용은 나타나 있지 않으므로, 제목과 관계없습니다.

● **짜임**

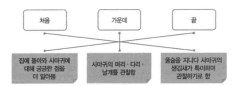

처음	가운데	끝
집에 돌아와 사마귀에 대해 궁금한 점을 더 알아봄	사마귀의 머리·다리·날개를 관찰함	풀숲을 지나다 사마귀의 생김새가 특이하여 관찰하기로 함

 요목조목 따져보기

1. ① ○ ② ∨ ③ ○ ④ ∨ ⑤ ○ ⑥ ○
2. ④

> **해설**
> 제시문에서는 짝짓기를 마친 암컷이 수컷을 잡아먹는다고 했으므로, 이것은 알맞지 않은 의견입니다.

글밥지도 그리기

⑦ ④ 공개 수업
⑭ ③ 학부모 공개 수업의 날 성황
⑮ ① ○○초등학교는
⑯ ⑥ 공개 수업의 날 행사를
⑰ ⑤ 성황리에 마쳤다.
⑱ ⑧ 수업 모습과 학습 태도

● 본문

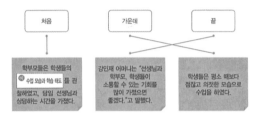

요목조목 따져보기

1. 어디서

> **해설**
>
> 누가 : 부산 ○○초등학교는
> 언제 : 5월 5일
> 무엇을 : 가족과 함께하는 새싹 체육 한마당을
> 어떻게 : 부모님과 가족들이 참석한 가운데 열었다.
> 왜 : 개교기념일, 어린이날, 어버이날을 기념하기 위해서

2. ④

> **해설**
>
> 제시문에는 앞으로 있을 일에 대해서는 다루지 않았습니다. 그러므로
> 이것은 알맞지 않은 의견입니다.

글밥지도 그리기

⑦ ① 소금
⑭ ② 장류, 절임류, 찌개류
⑮ ⑥ 수분량
⑯ ⑦ 심장병이나 뇌졸중, 골다공증, 신부전증
⑰ ③ 건더기
⑱ ⑧ 짜지 않은 음식

● 제목

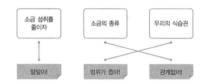

> **해설**
>
> • **소금 섭취를 줄이자** : 제시문은 소금 섭취를 줄이자는 주장을 하는
> 글이므로, 제목으로 알맞습니다.
> • **소금의 종류** : 제시문에 나타나 있지 않은 내용이므로, 제목과 관계
> 없습니다.
> • **우리의 식습관** : 제시문의 일부 내용이므로, 제목으로 하기에는 범위
> 가 좁습니다.

● 문단

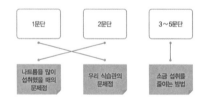

요목조목 따져보기

1. ③, ⑤
2. ③

> **해설**
>
> 나트륨을 먹는 것을 줄이기 위해서는 먹는 음식의 양을 줄이는 것이 아니
> 라 먹는 소금의 양을 줄여야 하므로, 이것은 알맞지 않은 의견입니다.

23회 | 105~108쪽

글밥지도 그리기

- **가** ② 세계 7대 불가사의
- **나** ⑦ 차이가 있음
- **다** ① 가장 오래되었고, 실제로 볼 수 있음
- **라** ⑧ 로도스 항에 만든 거대한 청동 상
- **마** ④ 세계 신(新) 7대 불가사의 재단
- **바** ⑥ 2007년

● 제목

해설

- **세계 문화유산** : 제시문에는 세계 문화유산에 대한 내용은 나타나 있지 않으므로, 제목과 관계없습니다.
- **세계 7대 불가사의** : 제시문은 세계 7대 불가사의 가운데 고대 7대 불가사의와 세계 신 7대 불가사의에 대해 소개하는 글이므로, 제목으로 알맞습니다.
- **세계 신(新) 7대 불가사의** : 제시문의 일부 내용이므로, 제목으로 하기에는 범위가 좁습니다.

요목조목 따져보기

1. ③, ④
2. ③

해설

세계 신 7대 불가사의로 선정된 것들은 2007년에 만들어진 것이 아닙니다. 2007년에 선정된 것입니다.

24회 | 109~112쪽

글밥지도 그리기

- **가** ⑥ 텔레비전 시청
- **나** ① 텔레비전을 시청해도 좋다.
- **다** ② 재미있고 흥미 있게
- **라** ⑧ 가족과 함께 시청한다.
- **마** ⑦ 텔레비전을 시청하는 것은 좋지 않다.
- **바** ④ 폭력적인 것이 많아
- **사** ③ 책이나 신문

● 제목

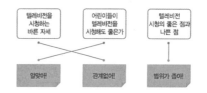

해설

- **텔레비전을 시청하는 바른 자세** : 제시문은 텔레비전을 시청하는 바른 자세를 설명한 글이 아니므로 제목과 관계없습니다.
- **어린이들이 텔레비전을 시청해도 좋은가** : 제시문에는 어린이들이 텔레비전을 시청해도 좋은지에 대한 두 가지 의견이 나타나 있으므로, 제목으로 알맞습니다.
- **텔레비전 시청의 좋은 점과 나쁜 점** : 제시문의 의견에 대한 근거로 나타나 있는 내용입니다. 하지만 글 전체의 내용을 포함하지 못하므로, 제목으로 하기에는 범위가 좁습니다.

● 짜임

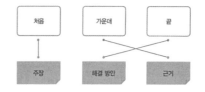

요목조목 따져보기

1. ④
2. ①

해설

텔레비전 프로그램 가운데 유익한 것도 많으므로 가려서 본다면 텔레비전을 시청해도 괜찮기 때문에 알맞은 의견입니다.

글밥지도 그리기

㉮ ⑤ 제10회 전국 어린이 ○○예술제
㉯ ④ ○○대학교
㉰ ⑦ 상상력과 창의력을 키우려고
㉱ ⑥ 서울시 ○○공원 꿈의 광장
㉲ ① 서예
㉳ ③ 전국 유치원생, 초등학생

● **제목**

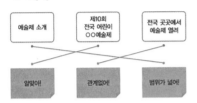

해설
- **예술제 소개** : 제시문에서는 예술제의 한 종류인 제10회 전국 어린이 ○○예술제를 안내하고 있습니다. 그러므로 제목으로 하기에는 범위가 넓습니다.
- **제10회 전국 어린이 ○○예술제** : 제시문은 '제10회 전국 어린이 ○○예술제'를 안내하는 글이므로, 제목으로 알맞습니다.
- **전국 곳곳에서 예술제 열려** : 제시문은 전국 곳곳에서 열리는 예술제에 대한 내용은 나타나 있지 않으므로, 제목과 관계없습니다.

 요목조목 따져보기

1. ① 실기 대회 ② ○○신문 누리집 ③ 1만 원
2. ④

해설
제시문은 안내하는 글이므로 안내하고자 하는 사항이 명확히 드러나 있어야 합니다.

 글밥지도 그리기

㉮ ③ 우리 가족
㉯ ④ 지우
㉰ ② 민영
㉱ ⑤ 아버지
㉲ ⑧ 어머니
㉳ ⑦ 그림을 잘 그린다.
㉴ ⑥ 영화감독이 꿈이다.

● **목적**

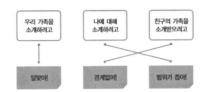

해설
- **우리 가족을 소개하려고** : 제시문에서 글쓴이는 친구에게 자기의 가족을 소개하고 있으므로, 편지를 쓴 목적으로 알맞습니다.
- **나에 대해 소개하려고** : 제시문에서는 '나'에 대한 소개뿐만 아니라 '나의 가족'에 대한 소개도 나타나 있으므로, 나만을 소개하기 위해 글을 쓴 것이라고 하기에는 범위가 좁습니다.
- **친구의 가족을 소개받으려고** : 제시문에는 친구의 가족을 소개받고 싶다는 내용은 나타나 있지 않으므로, 글을 쓴 목적과는 관계없습니다.

● **짜임**

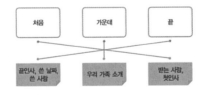

 요목조목 따져보기

1. ① ○ ② ∨ ③ ∨ ④ ∨ ⑤ ○
2. ②

해설
이 글은 가족을 소개하는 글입니다. 자기 자신에 대해 너무 자세히 소개할 필요는 없으므로, 이것은 글의 내용을 잘못 이해한 의견입니다.

글밥지도 그리기

가 ② 제기차기
나 ③ 중국의 '축국'
다 ④ 한지나 비단
라 ⑧ 두 발로 번갈아 가며 참
마 ⑥ 외발 차기
바 ① 많이 차야 함

● **제목**

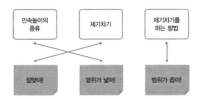

> **해설**
> •**민속놀이의 종류** : 제시문은 민속놀이 가운데 제기차기에 대해서만 설명하고 있으므로, 제목으로 하기에는 범위가 넓습니다.
> •**제기차기** : 제시문은 제기차기에 대해 설명하는 글이므로, 제목으로 알맞습니다.
> •**제기차기를 하는 방법** : 제시문에 나타나 있는 일부 내용이므로, 제목으로 하기에는 범위가 좁습니다.

● **문단**

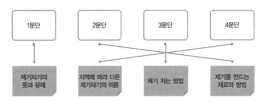

 요목조목 따져보기

1. ① 발 들고 차기 ② 뒷발 차기
2. ①

> **해설**
> 제기차기는 지금도 하고 있으므로, 이것은 글의 내용을 잘못 이해한 것입니다.

 글밥지도 그리기

가 ① 해파리
나 ④ 약 10억 년 전
다 ② 약 250여 종
라 ⑥ 몸속 기관을 보호함
마 ⑤ 먹이를 잡는 데 사용함
바 ③ 어린 물고기나 동물 플랑크톤

● **제목**

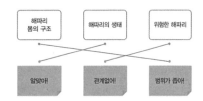

> **해설**
> •**해파리 몸의 구조** : 제시문에는 해파리 몸의 구조뿐만 아니라, 특징이나 먹이 등에 대한 내용도 나타나 있으므로, 제목으로 하기에는 범위가 좁습니다.
> •**해파리의 생태** : 제시문은 해파리의 모양이나 살아가는 방법 등 해파리에 대한 전반적인 내용이 나타나 있으므로, 제목으로 알맞습니다.
> •**위험한 해파리** : 제시문에는 해파리의 위험성을 다루고 있지 않으므로, 제목과 관계없습니다.

● **문단**

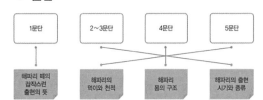

 요목조목 따져보기

1. 히드라, 말미잘, 산호
2. ④

> **해설**
> 우산은 해파리의 종류에 따라 크기가 다양하므로, 이것은 알맞지 않은 의견입니다.

글밥지도 그리기

가 ③ 초승달
나 ④ 새각시의 눈썹
다 ⑧ 나와 같이 비춰 주고
라 ⑥ 여덟
마 ⑦ 오라버니
바 ② 온 세상

● 제목

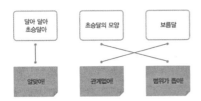

> **해설**
> • 달아 달아 초승달아 : 제시문에 초승달의 모양, 초승달에게 바라는 점 등이 나타나 있으므로, 제목으로 알맞습니다.
> • 초승달의 모양 : 제시문의 앞부분에만 초승달의 모양에 대해 나타나 있으므로, 제목으로 하기에는 범위가 좁습니다.
> • 보름달 : 제시문은 초승달이 자라 보름달이 되어 세상을 비춰 주었으면 좋겠다는 바람을 나타낸 것이므로, 제목과 관계없습니다.

● 내용

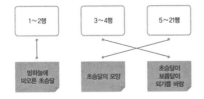

끄덕끄덕 공감하기

1. [예시]
　우리 오빠, 우리 언니, 짝꿍 효주
2. ②

> **해설**
> 글쓴이는 초승달이 빨리 자라 보름달이 되기를 바라고 있으므로, 이것은 알맞지 않은 의견입니다.

글밥지도 그리기

가 ② 일식과 월식
나 ④ 달이 태양을 가리는 현상
다 ① 부분 일식
라 ⑤ 금환 일식
마 ⑦ 달이 지구의 그림자에 가려지는 현상
바 ③ 개기 월식

● 제목

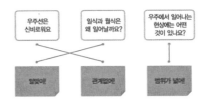

> **해설**
> • 우주선은 신비로워요 : 제시문은 신비로운 우주에 대해 설명하는 글이 아니므로, 제목과 관계없습니다.
> • 일식과 월식은 왜 일어날까요? : 제시문에는 일식과 월식이 일어나는 까닭과 종류에 대해 나타나 있으므로, 제목으로 알맞습니다.
> • 우주에서 일어나는 현상에는 어떤 것이 있나요? : 제시문에는 우주에서 일어나는 현상 가운데 일식과 월식에 대한 내용이 나타나 있으므로, 제목으로 하기에는 범위가 넓습니다.

● 문단

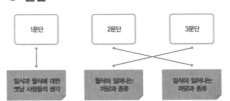

요목조목 따져보기

1. ① 일식 ② 월식
2. ①

> **해설**
> 제시문에서 일식은 낮에만 관찰할 수 있다고 했습니다.